素质教育背景下劳动育人多维度研究

石英 著

吉林出版集团股份有限公司
全国百佳图书出版单位

图书在版编目（CIP）数据

素质教育背景下劳动育人多维度研究 / 石英著. -- 长春：吉林出版集团股份有限公司, 2022.1
ISBN 978-7-5731-1171-5

Ⅰ.①素… Ⅱ.①石… Ⅲ.①劳动教育-教育研究 Ⅳ.①G40-015

中国版本图书馆 CIP 数据核字（2022）第 006022 号

素质教育背景下劳动育人多维度研究
SUZHI JIAOYU BEIJING XIA LAODONG YU REN DUO WEIDU YANJIU

著　　者	石　英
责任编辑	杨亚仙
装帧设计	万典文化

出　　版	吉林出版集团股份有限公司
发　　行	吉林出版集团社科图书有限公司
地　　址	吉林省长春市南关区福祉大路 5788 号　邮编：130118
印　　刷	唐山富达印务有限公司
电　　话	0431-81629711（总编办）
抖音号	吉林出版集团社科图书有限公司 37009026326

开　　本	787 mm×1092 mm　1/16
印　　张	8.25
字　　数	170 千字
版　　次	2023 年 1 月第 1 版
印　　次	2023 年 1 月第 1 次印刷

书　　号	ISBN 978-7-5731-1171-5
定　　价	55.00 元

如有印装质量问题，请与市场营销中心联系调换。0431-81629729

劳动教育是中国特色社会主义教育制度的重要内容，直接决定社会主义建设者和接班人的劳动精神面貌、劳动价值取向和劳动技能水平。实践证明，培养人才的质量和水平与劳动育人息息相关，在培养人的实践中充分发挥着劳动育人的独特作用，体现劳动教育的丰富内涵，是新时代抢占教育发展主动权的重要保证。因此，要把劳动育人作为高校育人过程中的重要一环，强化劳动教育。

做好劳动育人的顶层设计和实施方案。要努力构建完整的劳动育人体系，劳动育人只有与德智体美育人相结合才更能彰显育人功能，突出育人特色。要将劳动育人与德智体美育人一体化部署、安排和落实，使之互相结合、综合发力，共同彰显育人的综合动能。要通过理论与实践结合来提高劳动育人的效果、质量和水平。在实习实训中，突出劳动育人的实践功能，引导学生认识劳动是需要正确的劳动态度、高超的劳动技能和专业的劳动精神才能够完成的脑体并用的活动，鼓励学生在劳动实践中完善提高。

引导树立正确的劳动价值观。正确劳动价值观的形成是劳动育人最本质的体现，劳动育人的实际效果最终要体现在劳动价值观的建立上。要加强大学生劳动观念教育，引导学生树立劳动最光荣、最崇高、最伟大、最美丽的劳动价值观，帮助大学生形成健全人格。正确劳动观的形成需要精心培育，要制定相关管理制度，规范行为，帮助学生养成良好的生活和学习习惯。正确劳动观的形成也是课堂学习和课外学习的结果，鼓励学生向书本学习的同时，还要向社会学习，在实践中学习，培养刻苦学习的精神，培养勤于动脑、勤于动手的劳动态度。正确劳动观的形成还是劳动实践砥砺的结果。要积极组织动员学生参加劳动实践，鼓励学生参加植树造林、为老人服务等社会公益活动，培养学生吃苦耐劳的精神和脑、体结合的能力，推动集体主义、爱国主义和社会主义的劳动意识扎根于学生头脑，使劳动育人成为大学生成长的重要源泉。

编　者

目 录

第一章　素质教育的目标 ……………………………………………… 1
　第一节　人的全面发展的理想 ……………………………………… 1
　第二节　人的全面发展的现实 ……………………………………… 6

第二章　素质教育的灵魂 ……………………………………………… 17
　第一节　德育是素质教育的灵魂 …………………………………… 17
　第二节　有效的德育探索 …………………………………………… 19

第三章　教育与人的发展 ……………………………………………… 29
　第一节　人的本质观与教育 ………………………………………… 29
　第二节　人的发展特点与教育 ……………………………………… 35
　第三节　人的个性与教育 …………………………………………… 40
　第四节　人的发展因素及其相互关系 ……………………………… 43

第四章　素质教育背景下劳动教育的认识 …………………………… 56
　第一节　劳动的基本理论 …………………………………………… 56
　第二节　高校劳动教育课组织机构及工作职责 …………………… 58
　第三节　新时代劳动教育思想 ……………………………………… 64
　第四节　新时代学生劳动精神培育 ………………………………… 83

第五章　素质教育背景下劳动的价值效应及其规律 ………………… 96
　第一节　劳动及其形式 ……………………………………………… 96
　第二节　劳动变动的价值效应 ……………………………………… 101
　第三节　劳动和闲暇的选择 ………………………………………… 107

第六章　素质教育背景下劳动教育的新工匠精神内涵 ……………… 114
　第一节　传统工匠精神面临时代的考验 …………………………… 114
　第二节　新工匠精神是基于两个维度的思考 ……………………… 116
　第三节　新工匠精神的定义 ………………………………………… 118
　第四节　新工匠的"新劳动观" …………………………………… 119

参考文献 ………………………………………………………………… 123

第一章 素质教育的目标

第一节 人的全面发展的理想

人的全面发展在本质上是一种理想、追求和信念。目前，人们一般是在马克思主义哲学框架内来理解人的全面发展的内涵。马克思主义哲学为我们提供了对人的全面发展的内容、途径、方式和目标的划时代论断。综合当代马克思主义哲学研究的成果和马克思、恩格斯的论述来看，马克思、恩格斯既提供了关于人的全面发展的一些可描述的规定，又给出了实现人的全面发展的现实和未来的思考。即人的全面发展是一个不断接近和达到的历史过程。它是一种可以向往的理想目标，但绝不是一种固态。既然人的全面发展是不断生成的过程，那么，实现这一过程和理想的途径就有了具体的规定和多样性。其中，素质教育是至关重要的方面。

要明确素质教育是人的全面发展的教育，就要首先加深对人的全面发展的认识，这无疑是研究素质教育的前提和基础。教育伴随着人类社会的发展而发展，素质教育也由初级阶段发展到高级阶段。而共产主义社会是"个人的独创的和自由的发展不再是一句空话的唯一社会"。在那里，通过社会生产，不仅可能保证一切社会成员有富足的和一天比一天充裕的物质生活，而且还可能保证他们的体力和智力获得充分的自由的发展和运用。这是人类最美好的理想，也是科学共产主义的真谛。

然而，当今社会的发展离达到共产主义社会的理想还有很远的路程，中国社会发展还处在社会主义社会的初级阶段。在此阶段，促进人的全面发展的教育仍然受现实社会政治、经济发展水平的制约，受现实物质文明发展水平的限制。在不少人看来，人的全面发展既不可能，也无必要，而且还会阻碍人的个性和特长的发展，造成人的"全面平庸"。但教育的发展是随社会的发展不断进步的，以人为本的自由全面发展教育的理想和方向是正确的，应该坚持。我们应务实地对待理想与现实的差距问题，做到解放思想，追求理想，实事求是，尊重现实。

人的全面发展思想具有丰富的内涵，属于辩证观的理论范畴。按照马克思的观点，共产主义社会的人是全面发展的人。那么，什么是人的全面发展？或者说，全面发展的人，是什么样的人呢？理论界对此曾有过以下几种解释：

第一，人的全面发展是指人的各方面的素质和潜能的普遍提高和充分发展，既包括德、智、体、美、劳五方面的均衡发展，又包括个性心理、性格、兴趣、意志、气质等非理性因素的健全发展。

第二，人的全面发展是指"每个人"，即"社会的每一个成员"的发展，包括人的体力、智力、个性和交往能力的发展。这种发展可以从全面发展、自由发展和充分发展三个方面来衡量。全面发展是从广泛性上谈人的发展，它与人的片面发展相对，指人的各方面的才能和能力的协调发展；自由发展是从自主性上谈人的发展，它指的是人自觉、自愿地发展自己的才能，施展自己的力量；充分发展则是从程度上谈人的发展，人的才能和能力的发展有个程度问题，人总是向着更高的程度发展自己的才能。在人的发展中，马克思最突出强调的是"全面发展全面发展是把人的自由发展和充分发展都包括在其中的。

第三，人的全面发展就是既达到人的充分的社会化，又达到人的充分的个性化。人的社会化是有个性的个人的社会化，是使人从不全面走向全面；人的个性化，是在社会化过程中的个性化，是使人从不自由走向自由。

第四，人的全面发展是指人的发展的最理想境界。就个人而言，是指德、智、体、美、劳和谐完美的发展，是指个人潜力和智能的最大限度的发挥，是指个人需要的全面丰富和满足，是指人的本质的真正实现。

马克思主义关于人的全面发展的含义，从哲学角度讲，就是指人的各种社会关系的全面发展；从政治经济学角度讲，是指劳动力由片面到全面的发展，是指人具有适应劳动变换的多方面的劳动能力的发展；从科学社会主义学说的角度讲，就是指人类能控制和驾驭整个自然界和社会发展的规律，使整个人类由必然王国进入自由王国。马克思主义人的全面发展内涵主要包括三个层次：分别相对于自然界、社会和人自身来说的人的劳动能力、人的社会关系、人的素质和潜能的全面发展。

一、人的劳动能力的全面发展

马克思主义认为，人类历史是通过劳动自我生成、自我创造的历史，也是自然界对人而言的生成史。劳动是人以自身的活动来引起、调整和控制人和自然界之间的物质、能量、信息的交换过程。所以，对自然界来说，人的全面发展就是人的劳动能力的全面发展。

劳动是人与动物的本质区别，是人的本质力量的表现，人的发展的实质是人的劳动能力的发展。人的劳动能力包括多方面的内容，但主要还是指人的体力和智力。人的任何活动都是体力和智力的支出，因而人的全面发展主要是体力和智力的全面发展，是体力劳动和脑力劳动相结合意义上的全面发展。马克思在《资本论》中指出："我们把劳动力或劳动能力,理解为人的身体,即活动的人体中存在的,每当人生产某种使用价值时就运用的体力和智力的总和。人的劳动能力的全面发展,就是人改造和征服客观世界能力的发展。构成人的劳动能力的主要条件是体力和智力:体力是人体所具有的自然力;智力是精神方面的生产力,包括人的劳动技能、生产经验和科学文化知识。体力和智力的统一发展,是人的其他各方面能力发展的基础。马克思针对旧制度和旧分工造成的体力和智力分离的情况,特别强调要发展人们的体力和智力,使人的体力和智力都得到全面发展。

按照人身体生命的维持和活动,将社会人的劳动素质构成用,以加深对社会人的构成及其全面发展的认识。按人体的基本功能属性,社会人包括三个方面的劳动素质:

第一,人的行为运动素质,包括骨骼、肌肉、关节等基本要素,是人的社会属性实现的基础;

第二,人的生命健康素质,包括器官系统、新陈代谢、生长修复、能量供给等基本要素,是人的生物属性实现的基础;

第三,人的思想行为素质,基本要素包括科学知识、世界观、人生观、价值观、道德品质等,是人的精神属性实现的基础。

人的发展是随劳动实践而历史地发展的。正是劳动"使生产者也改变着,炼出新的品质,通过生产而发展和改造着自身,造就新的力量和新的观念,造就新的交往方式、新的需要和新的语言。"劳动的形成"取决于对象的性质以及与之相适应的质和量的性质,劳动的过程就是主体能力在特定环境中对特定对象的外化和作用;劳动的结果就是"人的本质力量的公开展示"。人类社会发展的历程证明,劳动的产生就是人类的产生,劳动的异化就是人类的异化,劳动的解放和发展就是人类的解放和发展。因此,人的劳动能力的全面、自由发展是人的全面发展的核心。

二、人类以及个体的全面发展

马克思认为,人是社会的人,人是在社会关系中生存和发展的,社会关系实际决定着一个人能够发展到什么程度。马克思同时指出,一个人的发展取决于他直接或间接进行交往的其他一切人的发展。也正是在交往中,人与人之间在心理、情感、信息等方面得到交流,受到启发,从而丰富自己、充实自己并发展完善自己。因此,个人必须积极参与社会生活多种领域的交往,在交往中形成丰富而全面的社会关系。马克思早就指出,人的社会关系不仅要"丰富",还要"全面",即协调、和谐。这种全面性从内部来讲,包括人的生理和心理等方面,从外部来看,包括人与自然、人与社会、人与宗教文化等全方位的关系。

在马克思看来,人的全面发展首先表现为个人与其他人建立了普遍的关系,而这种关系开始主要表现为物质交换关系。这种普遍的物质交换关系的建立和扩展,使人摆脱了"鸡犬之声相闻,老死不相往来"的封闭状态,把个人真正融入到人类之中,在个人和人类之间建立了更加紧密的相互依赖关系。

个人关系的全面性发展,不仅要求个人与人类之间建立普遍的关系,而且还要求这种关系是一种全面性的关系。过去人们常常忽视这一点,或者常把全面性的要求等同于普遍性的要求。其实,马克思所指的这两个概念是并列使用的,这两个概念是有着不同内涵的。

人的关系的普遍性要求,是就关系的广度而言的,而人的关系的全面性要求则是就关系的深度而言的。普遍性的关系如果仅仅是物质关系,那么这种关系还不能算是丰富的;人的社会性虽然在这种关系中得到了扩展,但这种社会性还不能算是充分发展的社会性,因为它还缺乏一定的丰富度,人与人的结合点还比较狭小,比较脆弱。只有人们在建立普遍关系的同时,发展出关系的全面性来,也即只有在物质关系的基础上进一步发展出政治法律关系、伦理道德关系、思想文化关系等,才能在这一关系范围内形成一个普遍而牢固的统一共同体;个人与类之间的关系,才能是密不可分的、一体化的关系,个人的类的特性或社会性才算得到了比较充分的发展。

社会主义之所以把个人关系的全面性作为人的全面发展的一个基本内容和一种基本的价值要求,就是因为只有在个人和他人之间以主体的身份建立全面的关系,而不仅仅是物质关系或金钱关系,才有可能把人从物或工具的状态中解放出来,把人从经济动物提升为真正的社会动物,从而使人的本质充分地展现出来。人的关系的普遍性和全面性的发展,实际上就是世界一体化的发展。反观当今的国际冲突、地区冲突和民族冲突,除了各种各样的政治、经济、文化原因,一个更深层次的原因就是人的关系的普遍性和全面性发展不够充分所造成的。但是,我们可以坚信,随着生产社会化的进一步发展,人的关系的普遍性和全面性的发展要求终有一天会突破地域、狭隘共同体、文化群体、民族和国家等传统樊篱的局限,把整个人类联结在一个统一的大家庭之中。当今的政治全球化、经济全球化、世界一体化的发展趋势验证了马克思的科学论断。

三、人的素质和潜能的全面发展

个人的发展依赖于人类整体的进步,但这并不否定个人因素的独立性。人与自然、社会的双重关系最终体现在个人身上。人的素质和潜能的全面发展至少包括人的需要、人的活动、人的能力等方面的全面发展。

(一) 人的需要的全面发展

马克思曾指出人的需要,即人的本性。人的需要是人之所以从事劳动创造和各种活动的动力与内在必然性。人的发展的内在根据就是人的需要的不断丰富:从片面到全面的需要，从低层次到高层次的需要，从具有占有性（利己）的需要到充实人的本质力量的需要，体现出人的全面发展的渐进过程。

人的需要总是随着生存需要、享受需要和发展需要的层次发展表现出需要的丰富性和全面性。人的需要的全面性和丰富性，反映着人的发展的全面性，在需要的驱动下，人通过实践活动不断地达到满足，在满足的同时，人自身也得到了发展，也就是说人的发展是随着人的需要的发展而发展的。人的全面发展是在人的需要全面性的驱动下向前推进的。

（二）人的活动的全面发展

马克思认为人的生存和发展包含着多方面的需要，而人的现实需要结构则反映着人的发展水平。在自然经济条件下，由于生产力水平低下，社会产品极其匮乏，维持生存所需的物质需要几乎是唯一的。资本主义大工业的建立和发展，使生产力空前发展，人们的物质需求得到相应的满足，而精神却极其贫乏、空虚。在社会主义和共产主义条件下，人的需要将不断呈现丰富性和多样性，也就是说，对物质需要的紧迫性和相对重要性逐步下降，而精神需要和发展需要的重要性上升。这意味着人的需要除物质需要外，更多地是在社会关系与精神生活方面的需求，即自我实现、发展、超越的自由需要将在人的需求结构中，日益占主导地位。这也是由人的基本属性所决定的：在生物性生存需要被满足后，人的精神属性和社会属性主导的享受需要以及发展需要日益上升为主导地位。

（三）人的能力的全面发展

人的能力的全面发展是马克思人的全面发展理论中最重要的价值目标，它是人的本质力量的公开展示。人的能力是人在与外部自然变换过程中，从自身开发出来的多种力量的综合，其中主要包括以下三种能力。

1. 实践能力

这是主体和客体、主体的要求与外部现实性得以统一的能力，是人体力和智力的综合。

2. 认识能力

认识能力包括感觉能力和思维能力，它随着人的实践发展起来，并推动着实践。

3. 审美能力

审美能力是指包括人的情感、意志、思维等在内的综合能力。

正如马克思所说："全面发展的个人——他们的社会关系作为他们自己的共同的关系，也是服从于他们自己的、共同的、控制的、不是自然的产物，而是历史的产物。要使这种个性成为可能，能力的发展就要达到一定的程度和全面性，这正是以建立在交换价值基础上的生产为前提的,这种生产在产生出个人同自己和同别人的普遍异化的同时,也产生出个人关系和个人能力的普遍性和全面性。"

第二节 人的全面发展的现实

在推进人的自由全面发展的历程上要从现实的条件出发,不能犯幼稚病。中国目前的生产力还远未发展到消灭分工和私有制的水准,社会分工和多种所有制并存的局面在相当长的历史时期内仍将继续存在。只有将人的自由全面发展确定为社会生产力和经济文化发展的中心目标,我们的社会生产力和经济文化发展才会有明确的方向和正确的发展战略。反过来说,只有坚持全面提高人的素质,促进人向自由全面发展,才能给社会生产力和经济文化持续、快速、健康的发展提供源源不断的动力和最可靠的保证。只有通过这两者的积极互动与自觉配合,未来才能最终达到消灭私有制与分工,使全部社会生产力和全部社会交往变成人们自己的自由的生活。

总之,人的自由发展和全面发展是互为前提、互为条件、相互促进的。人通过全面发展表现出人的发展的普遍性、一般性,通过自由发展表现出人的发展的内在差异性。只有个人得到全面发展,人类才能真正获得驾驭自然界和人类社会的自由,成为自由发展的人;同理,也只有充分具备自由发展的社会条件,才可能实现个人的全面发展,也就是说,人的全面发展水平受现实社会发展水平和教育发展水平的制约。因此,促进人的全面发展,我们必须务实地从现实社会做起。下面我们就来看看现实社会人的发展现状。

一、基础教育发展的状况

在实施素质教育、促进人的全面发展上,我国基础教育面临的问题很多、很复杂,需要细致、审慎地对教育内外部发展基本规律加以思考。在此,仅从宏观上,提出几个重要的现实问题,并尝试做一些分析和判断,以期对我国当前的素质教育在阶级社会中,权力就是力量,这是早已被证明的。因此,可以借用力的三个要素(大小、方向和作用点)来剖析来源于国家、学校、教师、学生这四个利益主体的权力关系。

教育的本质决定了一切教育活动都是围绕学生来展开的。由于学校教育是一项国家性的事业,在对学生的影响上,来自国家、学校和教师三个方面的"力"中,国家占有绝对的优势。这主要来源于以下四个方面:其一,国家拥有制定学生发展目标的权力;其二,国家拥有确定教育内容的权力;其三,国家拥有为学校提供物资和资金等方面的保障权力;其四,国家具有制定教师资格标准的权力。由于教师在本质上是"被雇用的职业技术劳动者",学校代表国家对教师行使监控权、管理权和处置权,因此，教师的权力无疑要小于学校的权力。在市场经济社会里，市场也自发地调节着四者的关系。这些共同决定着教育的发展，也周而复始地推进着一代一代人的素质的发展。

（一）经济实力与教育投入的问题

我国现实的经济基础还相对薄弱。对有限的经费如何利用是一个至关重要的问题。教育要发展就需要经济的支持，经济要搞上去也需要高水平的教育做支撑。长期以来，发展经济与发展教育、发展高等教育与发展基础教育一直被视为现实问题与长远问题的矛盾，在诸多具体的发展和运作过程中往往处理不好二者的关系。从我国东西部社会发展水平来看，在以下五个指标上反映出我国社会发展非常不均衡。

1. 社会结构

它是社会协调发展的基础和前提条件，由产业、城乡、投资、就业等结构和第三产业、城乡人口比例等指标组成。

2. 人口素质

它是促进社会进步的重要因素，又是社会发展的成果，由文化素质、科学素质、身体素质等指标组成。

3. 经济效益

它是经济增长的内涵和质量，是社会发展和提高生活质量的物质基础，由人均国内生产总值、人均财政收入等指标组成。

4. 生活质量

它是社会发展的最终动力，涉及居民物质生活、精神生活、环境保护等。

5. 社会秩序

它是保证社会发展的前提，由大案要案刑事案件率、交通、火灾事故等指标组成。

现实社会发展在以上指标显示，除社会秩序外，其他四个子系统我国西部地区都相对落后，且东西部差距有扩大之势。这也导致了我国东部西部教育发展的不平衡。

尽管近年来，随着经济体制、政治体制和教育体制的改革，民办教育的发展为国家减轻了一些负担，在拓宽教育投资渠道等方面也做了许多有益的尝试，解决了一些实际问题。但是我们必须明确，我国与高收入国家和中等收入国家之间仍存在着明显的差距。面对这一现实，如何制定发展教育的合理规划，如何在激烈的国际竞争中保持教育发展的可持续性和效率，是我们必须思考的最重要的问题。

（二）管理体制的问题

从计划经济体制向市场经济体制的转变，需要我国的教育管理体制也随之发生转变，以适应在社会主义市场经济形势下，具体的社会发展状况和运行机制的调整与变化。然而，观念意识的转变又不可能在短期内完成，因此，在现有的教育体制中还存在许多与市场经济不适应和不协调的地方。虽然我国几十年来形成的，在计划经济形态下发展起来的较成熟的管理体制曾发挥了重大的历史作用，但也有一些弊端，其突出的特点就是僵化、死板、条块分割过细、资源不能充分吸收和利用、缺少效益和正向的激励。在各项事业发展上，人们感到最不可逾越的障碍是我国的管理体制问题。例如，政治体制、人事和人口管理体制、干部体制、投资体制、评估体制、教育管理体制等。对于我们这样一个发展中的大国而言，自身的资源是有限的，如果不靠有创新特色和灵活的机制从中发挥积极的作用，提高有限资源的使用效率，并通过开放的和可持续发展的政策赢得更广泛的支持和帮助，我们则会在未来的竞争中丧失良好的发展机遇。

在现有的教育体制中，宏观的管理体制、投资和融资体制、办学体制、结构体制、供需体制、评估体制、各级各类学校的内部管理体制等，都存在着许多问题。我国的教育改革发展到今天，已经对体制改革的问题有了一定的认识，但是缺乏突破性进展。因此，只有解决好体制的问题，改革与发展才会继续深入。我们应有意识地将以往"用体制来管"的消极、被动和对立的做法转变为用体制来促进、引导、服务和规范的做法和态度，用具有创新活力的体制为中国的改革发展，特别是教育的改革发展提供坚实的保障。

（三）观念和管理者的问题

与其消极躲避，不如采取积极的措施和应对的政策。从现代"大教育"的观点看，教育问题已经与社会生活的方方面面难以区分开来，教育的问题无时不在、无处不有，学校和课堂也都是社会生活的反映，而在社会中也充满了各种各样的教育因素。

在以往的改革进程中，一些有识之士曾大声疾呼，要实现中国的"四个现代化"，必须首先实现人们观念的现代化。这一思想在今天尤为重要，尤其值得重视。因为，对于中国来说，人们不仅需要"摸着石头过河"的积极尝试，也需要通过理论学习借鉴国外的有益经验，关键是要以实事求是的原则指导我们的思想，使我们的观念不脱离时代、不脱离实际，不受教条的束缚、不盲目地发展，寻求适合中国特色的国家发展和教育发展之路。

与发达国家的社会生活和教育相比，我国在硬件设备与基本设施方面有差距，这都是显而易见的，容易引起世人的关注。而在观念上、管理上的差距就是深层次的和潜在的了，相关的问题不仅容易被忽视，而且具有效果"后显性"的特点，往往是社会危机产生的深层根源。对于这些问题，许多国家将其视为关系到国家安全的大问题来考虑，并从政治学、社会学等方面对其进行深刻的分析讨论，最终形成了全社会和全民的教育共识，为教育事业的完善做好了思想观念上的铺垫。

（四）市场经济不完善、不成熟的问题

由计划经济转向市场经济，整个社会都处于转型时期。和许多发达国家相比，我国在初步进入市场经济的过程中，所遇到的许多问题并不是典型的或一般性的问题，而是具有中国特色或基于中国特定历史进程上的阶段性的问题。因此，努力构建中国特色市场经济体系，健全与之相关的法律、法规、政策、行政管理体制、文化教育方针等，是发展中国市场经济的重要保证。在许多发达国家，由传统经济向市场经济的转变往往需要数十年到更长的时间。尽管我国的转变进程不论从范围上还是从速度上都已经大大地超过了以往，但是许多应该具备的社会文化积淀、法律法规的完善、契约和诚信机制的建立等仍然很不充分。

应该承认，我们一方面对市场经济的发展历程和与之相关的问题还研究得很不透彻，另一方面我们对"中国特色"还缺少深层次的认识和了解。因此，在推进由计划经济向市场经济转变的进程中，往往会出现畏缩不前、犹豫不定、信心不足、心中无底的心态。甚至有人一会儿将市场经济视为"狼来了"，一会儿又视市场经济为"钱来了"，对市场经济及其相关的社会发展问题缺少整体的和全面的认识，更没有深入了解在市场经济条件下所要求建立的社会规范。

对于中国的教育发展而言，市场经济所需要的和最关键的问题就是，要了解和适应社会不断丰富和变化的学习需求。为此，还应进一步做到服务到位、拓展和丰富其形式与内容、加强政策和法律法规的保障作用、确立办教育和受教育的平等权利等。而在目前，我国在上述诸方面还很不规范，缺少得力的保障，致使广大的管理者、教育者和亿万教育需求者所处的社会环境、市场环境和教育环境存在着许多问题、困境、误区和障碍，极大地限制了改革的步伐与思路。

市场经济的发展之所以能不断地走向成熟，主要是由于其经营者能根据其发展的基本规律不断完善与其相关的制度建设和文化建设。其中，各种契约关系的确立，以及与之相伴的诚信体系的确立是非常重要和关键的。一个成熟的市场需要有一群与成熟市场相应的成熟的群体，需要有一系列与之配套的、成熟的法律法规和社会环境作基础和保证。在这些方面反映出的问题清楚地说明，我们的市场经济的确不成熟和不完善，作为全球公认的"教育服务"和"教育市场"意识还没有在我国被普遍接受，市场经济的发展还缺乏多方面的基础。如果不解决这些具有本质特征的问题，没有社会整体的协调和进步，而只有个别领域的"超前"发展，其发展也是不会长久的。为此，必须为我国市场经济的发展做好多方面的基础工作和准备工作，从总体上促使市场经济尽快规范和成熟起来，这是市场经济社会教育事业正常发展的基础。

二、基础教育面临的挑战

世界教育论坛确认基础教育的发展趋势是：把提高基础教育质量放在首位，把对教育的需求视为教育的动力，提高培训水平，注重学习成绩的评估和国际比较，对增加教育投资重新评价，建立新的国际管理机制。世界教育论坛确定的优先事项包括：考虑青少年教育的基本需要，重新思考变革的行为，在现有的各种形式的教育框架内进行革新，消除不平等现象，向艾滋病宣战，促进各个层次的联合，建立伙伴关系。

（一）如何保障青少年在接受初等教育后继续受教育的权利

在世界教育论坛上，如何保障青少年在接受初等教育后继续得到深造的权利成为本次大会的一个研讨重点。普及初等教育（6~12岁）仅仅是面对人生以及与全球化相关挑战的第一步，而向12~20岁年龄段的青少年提供高质量的教育已经成为越来越多国家制定基础教育政策的根本出发点。各国普遍认为，对12~20岁年龄阶段青少年的教育是培养他们具有升学或进入劳动市场所需的能力或具备在不断变化的世界上，作为负责任的公民所应有的素质的基础。鉴于此，联合国教科文组织第47届国际教育大会"公报与建议"提出基础教育不论在哪里都不能仅限于初等教育。12~20岁年龄段青少年的教育问题已经成为全民教育理念不可分割的组成部分。这一思想得到参加第47届国际教育大会所有成员的认可，并写入了"公报与建议"第一条："促进12岁至20岁所有青少年的高质量教育和培训，是为了明天更加美好，也是为了避免在地方、国家与国际上的社会排斥。这种教育是基本权利，也是公共福利，应当满足所有青少年的需要，确保他们充分施展个人才华"。这一挑战包括如何对12~20岁年龄段的青少年提供受教育和培训的机会，如何保障教育的公平和公正，尤其重要的是如何保障中等教育的质量。

（二）如何在全球化背景下提高青少年素质

今天的世界在全球化浪潮下既体现出越来越紧密的互相依存的特点，又出现了不断加深的各种不平等的鸿沟。从经济的角度看，世界经济环境比以往更加有利于外国直接投资的增长。外国直接投资向发展中国家转移的增长是快速的，但具有选择性，选择的重点是劳动力年轻、费用相对低廉而且受教育程度较高的国家和地区。外国企业要考虑有利于投资的各种因素，其中最重要的因素之一就是劳动力的受教育水平和知识结构。从技术革命的角度看，知识成为一个非常重要的生产要素。掌握先进知识和尖端技术的经济部门是增长最快的部门。各国要想取得经济发展，就需要增加在教育、培训领域的投资。从社会和文化的角度看，联合国教科文组织第47届国际教育大会"主文件"提出："全球化其实主要是一种文化的特征，即一种独特的思想、行为、居住和组织的方式，也就是人们通常所称的'现代化'。市场和技术的全球化则是它发展的一个自然结果,又反过来发挥作用,加快了现代化传播的速度,并使全世界人口的生活条件发生了巨大的变化"。在当今世界范围内,各种文化正在相互碰撞和融合。各种迹象表明,青少年越来越倾心于消费文化和跨国生活方式,这种情况既有助于青少年走向世界,也容易使他们脱离自己生长国家的文化遗产和传统文化。

在本届大会上,一个被人们反复提到的词汇是"以人为本"的全球化(humanizing globalization),其寓意为全球化的进程不能脱离人的价值,全球化归根到底是为了人,为了每一个人更加平等的、更有尊严的、相互理解的利益。从更深的含义来说,意味着需要在国家和社会关系方面不断作出调整,满足社会广大公众的利益。具体到教育方面来说,正如"公报与建议"第二条第四款所言,要确保所有青少年人的个性自主、公民意识、融入劳动世界和社会生活的能力,以及尊重自己个性、接受外界事务与不同文化和不同社会的能力。

面对全球化进程,要确认当代青少年的教育需求,就要分析全球化产生的新的经济、文化和政治影响,特别是与人的个性形成和教育制度改革相联系的各种要素。这是政府和教育决策部门面临的不可回避的挑战。

(三) 如何迎接外部环境方面的挑战

教育是社会发展总体中的一部分,是社会运行机制中的有机成分,与政治、经济、科技、文化、社会生活、社区发展、城乡差别、宗教信仰、人口变化、社会城市化、劳动力市场、劳动人事制度、考试制度等均有千丝万缕、相互制约的关系。

在我国,社会人口的数量、质量、年龄结构、地区分布、增长速度、流动情况、性别问题、未来发展趋势等,都对教育的未来和发展产生着重大影响。首先人口基数大、增长速度快且有波动,城市密度大而地区分布及素质水平发展不均衡,文化基础普遍较低等都给教育规划带来新的难度。

除此之外,面对新的世界形势,面对飞速发展的科学技术,面对全球信息一体化,面对社会及经济发展带来的一系列社会问题和观念转变,传统的教育形式、内容和方法都会显得软弱无力。

面对着实实在在、不容回避的挑战,外部的压力要求教育要从整体上进行全面的,包括宏观、中观和微观的调整与改革。而教育要面向现代化、面向世界、面向未来,也需要有良好的外部环境和和谐的外部关系。教育是牵一发而动全身的部门,任何教育的改革没有全社会的支持只能以失败告终。而僵化的教育带来的严重后果会使整个国家的发展降低速度,甚至停滞不前,教育面临的挑战也是全社会面临的挑战。

三、未来教育发展的趋势

20世纪出现了两大教育思潮:一是终身教育思潮,其代表著作有《终身教育引论》《学会生存——教育世界的今天和明天》《教育——财富蕴藏其中》等，提出了构建学习型社会和学习化社会的主张；二是全民教育思潮，其代表著作有《世界全民教育宣言》等。人类已经跨入 21 世纪，在众多发展变化中教育的发展是举世瞩目的，每个国家、每个民族、每个家庭、每个人都在其一生中与教育发生着这样和那样的联系。如何在已有的基础上发展和变革教育，如何在转变人们教育观念的同时增加教育的投入，如何处理好社会发展运行机制中教育的地位与作用等问题，已被越来越多的国家和民族视为关系到生死存亡的关键所在。为此，人们在回首过去、正视现实的同时，把目光投向未来，寻求切合本国、适应全球和未来的现代化新型教育。

（一）全民教育与终身教育成为国民和个人的第一需求

随着历史的发展和社会的进步，教育需求在世界范围内不断增加。为了生存，人类过去多注重于直接关系其生命的衣食住行；而进入 21 世纪以来，随着社会竞争日趋激烈，教育已成为生存以及生活质量好坏的必要条件。或者说，进入经济全球化、政治多极化、文化多元化的信息社会后，环境、能源、粮食、饮水、心理、健康等诸多社会问题对人的素质提出了新挑战，推动着传统的教育进一步走向和谐的教育、高效的教育、终身的教育、有针对性的教育和全民的教育。

在 21 世纪，"为了一个和平与进步的世界：分享知识"，不仅成为联合国教科文组织的口号，也成为全世界教育者的奋斗目标。只有充分发展教育事业，社会的发展、人类的进步才有希望和可能。这是人类的共识，也是人类不懈追求的目标。

自联合国教科文组织成立以来，出于对人类进步的责任，一直在为促进、提高世界各国政府和公众对教育的重要地位和使命的认识而不懈努力，并在世界范围内积极推动教育的改革和发展。近几十年来，更是密切关注社会发展动态，及时把握时代脉搏，敏锐察觉教育面临的挑战，并积极提出对策。

20 世纪 70 年代初，联合国教科文组织第 16 届大会讨论了世界教育所面临的挑战，提出了"终身教育"和"走向学习化社会"的观念和对策，对世界教育产生了极其深远的影响，被称为"进入 21 世纪的一把钥匙"。

这里的"终身教育"不同于以往所理解的正规学校教育之后的成人职后教育或某种专门形式的继续教育。终身教育不是一种实体形式，而是一种观念，一种思维方式。它超越了启蒙教育和继续教育之间的传统区别，启发我们将教育视为一个贯穿人一生的完整过程，并交给我们一个为各级各类教育重新进行"价值定位"的"坐标"。

终身教育必然要求人终身学习。在这种情况下，中小学和幼儿园教育作为终身教育的基础阶段，不应该再限于向学生提供一生的知识储备，而应被视为一种"人类的进程"。也就是说，在终身教育的体系中，学校的任务应着眼于帮助青少年"走向学习化的社会"，学会学习，学会自己教育自己、自己发展自己，而激发他们的学习和自我完善的欲望更是格外重要。

在终身教育的观念中，基础教育具有特别重要的价值，它是必不可少的"走向生活的通行证。因为将伴随一个人一生的对待学习的态度，正是在基础教育（其中尤其包括学前教育和初等教育）阶段培养形成的。在此阶段，人的创造性思想火花可能光芒四射，也可能渐渐熄灭。学会学习可能成为现实，也可能无法实现。正是在这一时期，每个人都在尝试获取有助于提高推理能力和想象力、判断能力和责任感的手段，也都在学习如何对周围世界产生浓厚的兴趣。

需要采取新的整体行动来使包括普通教育和职业教育在内的 21 世纪教育的所有学习领域，都能使 21 世纪的受教育者终身求知进取，终身追求新的价值和态度，并终身提高自己的能力与技术水平，新的整体行动的最终目标是建立一个学习型的社会。

（二）把提高基础教育质量放在首位

重视提高面向所有青少年的教育质量也是世界基础教育发展的最主要趋势。过于众多的青少年无法获得在 21 世纪中生存的必不可少的知识、能力和才智。要求教育更加适应现代社会，要求人们终身接受教育的呼声越来越高。因此，这一年龄段人的教育质量问题，今天已经是国家乃至国际范围内的重中之重。在大多数情况下，青少年们从这些模式中所看到的都是一些被肢解成众多学科的知识王国。那么青少年们在那里又能真正地学到什么呢？这种学习对他们择业、就业和融入社会又是否有用呢？"然而，此时的中等教育，仍像它创建时一样，继续我行我素，仿佛它是永恒的。此外，各种信息技术的发展正在高速地传播着一种世界文化，在某种意义上讲也是对经常是以各国本国教育内容为主体构成的中等教育文化的挑战。

教育质量是一个复杂而相对的概念，不同类型层次的教育在不同的发展阶段存在不同的质量概念，即使是一国的教育质量，在不同历史发展阶段也有不同的含义，不可能超越该国的社会、经济、文化、教育发展的水平。"主报告"把对教育质量的评估规定为四个方面。

第一，两性教育平等的实现程度。特别是女童接受中等教育的人数占同龄人口的比例。

第二，社会排斥程度。这些反应无论在发达国家或发展中国家都普遍存在。目前，社会排斥现象在全世界日益增多。而高质量的教育是反排斥的，是社会包容教育，它促进社会在牢固的道德基础上和尊重他人的基础上团结起来。在这种教育环境中，能够促进社会融入、构思共同的理想世界，承认多样性和倡导学生参与社会活动。

第三，是否能够培养学生的生活能力。这些能力不仅是在当地或某个时候的日常生活能力，而且是促使融入青少年生活的社会、其他地方或国家的终身能力。生活能力的培养涉及多种因素，其前提是：不改革课程和其他学习材料，不改变结构、学校环境、教育工作者的思维方式，就不可能培养这种能力。

第四，教师的水平与作用。对教师作用持批评态度者认为，大多数教师都是保守的，教师对所有青少年接受高质量教育起到了阻碍作用。反传统论者认为，有了好的初等教育以及引进新技术，教师所起作用的重要程度会减弱。但大多数看法是，未来社会教师的作用不会削弱，但对教师的要求会越来越高。"教师新行业"的作用除了传播知识以外，还需要掌握一些解决其他问题的办法，如与贫困作斗争、公民权利与义务的教育、预防暴力、促进社会融入、教会使用新技术等。这些成为评判教师水平的重要标准。

（三）把对教育的需求视为变革的动力

国际教育组织通过研究认为，各国在确定总的教育目标时，在"个人发展和情感培养"、"平等"、"国家特色"、"公民权利与义务"、"可用性"和"民主"等概念上共识程度较高。与以往相比，各国在确定国家政策或教育指导方针时，更加重视：承认受教育是一种人权；提高个人的能力和抉择的能力；加强人的社会责任感。这些思想和相关的政策实施构成了世界基础教育发展的又一趋势。

（四）提高培训水平，增强国家竞争力

人口平均受教育水平的高低、劳动力整体素质的高低是影响一个国家国际竞争力提升的重要因素。在全球化的世界里，对一个国家来说，增加就业机会和吸引国际投资的机会主要取决于劳动力受教育的程度。经济合作与发展组织（OECD）国家的劳动力都具有普通高中或职业高中以上的水平，因此，他们在全球的资本和劳动市场占有巨大的优势。当前，世界各国都在大力提高培训水平，以增强国家竞争力。

（五）增加教育投资，提高投资效益

接受和完成教育是人力资本积累和经济增长的关键因素。教育带来的效应已超出了个人收入和国民收入的范围。教育显然已成为培养全面发展的高素质公民和建立更具凝聚力和参与性的社会的重要动力。这个观点固然被许多国家的政治家和经济学家所认可，但教育的开支问题始终是各国激烈讨论的核心。一些国家称教育费用过于昂贵，教育投资效益不明显，另一些国家认为教育是对社会的最佳投资。大家一致认同的是，教育质量的提高是要以增加教育投入为代价的。

1. 政治方面的选择

许多政党主张减少国家职能，执政期间削弱了国家的行动能力，从而减少了教育、研发及卫生保健、社会保险、农业普及工作和同贫困作斗争方面的公共开支或降低教育在公共系统各部门投资的分配比例。

2. 税务方面的压力

为了吸引资本和创造就业机会，要减少各类企业和纳税人尤其是富人的税务负担，这就降低了对整个教育的投资额。

因此，怎样摆脱减少税务负担和提高全民终身教育质量这种进退两难的困境，国家是否能提出切合实际的解决办法，这对各国政府的执政能力提出了严峻的挑战。

（六）建立新的国际教育管理机制

在教育领域，联合国教科文组织倡导建立一种国际教育管理机制，通过开展一系列更具有目的性和连贯性的国际活动来协调各国的教育政策，通过制定准则、标准和监督制度来推进各国改进教育质量。

总之，理想是铸造现实的模型，是创造现实的图案，是建造现实的设计。现实是理想的材料，是实现理想的工具。现实是被动的、受支配的，理想是主动的、支配的。由此足见离开理想，要想认识现实、应付现实，不仅在事实上不可能，理论上也说不通。任何人类有价值、有意义的政治社会的建树、文化的创造，都是理想与现实合一的产物。不过，在理想与现实的合一体系中，理想为主，现实为从；理想为体，现实为用。任何国与国之间的战争、人与人之间的冲突，不仅是现实的争论，也是理想与理想的争论、现实与现实的争论。就理想而论，要看谁的理想更合理、更高尚、更远大、更能支配现实。就现实而论，要看谁在实际方面、物质方面以及军事、经济方面的设施，更有组织、更有力量、更遵循理想的指导。所以任何争论，必然是精神力量与物质力量合一的争论，也就是理想与现实合一的争论，同时也可以说是两者配合与否的争论。在一般情形之下，理想与现实总是分离的、矛盾的、冲突的、很难合一的，一般的人总认为理想不是现实，没有能力创造现实。然而，我们要成就一项事业，就必须认识到真正的理想同现实应当是合二为一、不可分离的。我们总能在理想与现实之间找到结合点。教育的发展也是在对教育的理想与现实不断的追求中进步与发展的。

再好的理想和观念都必须脚踏实地地回归现实逐步实现。要实现人的全面发展的教育理想、全面实施素质教育，也必须从日常教育教学工作做起，以达到教育科学发展的目标。因此，廓清有关素质教育理论实践的目标、核心、关键、灵魂、手段、根基、评价等问题，构建与当今社会发展水平相匹配的实施素质教育的完整体系，是实现素质教育和人的全面发展的现实保证。

人的全面发展之所以能够成为人类的一种理想和追求，之所以能够逐步变为现实，就在于它既符合人的本性也符合社会发展的要求，就在于人自身发展的内在要求与社会发展的外在要求存在本质上的一致性。正因为如此，人的全面发展和自我完善是古往今来人们的一个永恒的理想和追求。人的全面发展并不是马克思主义独有的理想，马克思只是用他的方法论和理论框架继承与发展了人的全面发展理论，使这一理论变得更为现实、更为科学、更为崇高。

　　人的全面发展尽管是一个理想和一种追求，但它也存在于每一个时代的现实中，存在于每一个人的现实生活中。每一个时代都可以有每一个时代对人的全面发展的不同理解，每一个人也可以有对全面发展的不同追求，但其实质又是相同的，即不断完善自己，不断接近这个目标。

　　总结本章内容，可以得出以下结论性观点：

　　第一，人的全面发展既是个人的理想、追求和信念，也是社会的理想追求和信念，个人和社会都应不断朝着这个目标和方向努力和接近；

　　第二，人的全面发展是人类永远追求而又永远没有止境的目标，所谓人的全面发展的实现，只是在相对意义上就某一社会发展阶段和特定社会条件以及个人主客观条件而言的。

第二章 素质教育的灵魂

第一节 德育是素质教育的灵魂

两百多年前德国教育家赫尔巴特（Herbart）提出的"没有离开教育（实际上指的是德育）的教学"的命题就已经有了很好的结论：德育是教育的灵魂。现代教育的通病之一在于，我们往往偏离了教育的精神价值属性。故当今若我们希望中国教育事业健康发展，就不能不将目光更多地投射到德育问题之上。

一、知识与智慧

爱因斯坦（Einstein）曾经说过，学校的目标始终应当是：青年人在离开学校时，是作为一个和谐的人，而不是作为一个专家。知识让人正确做事，智慧让人断除烦恼、快乐生活。随着科学的进步，我们已经有了可以观察星空、测量大海的仪器，有了可以观测脑电波、心电图的技术，但科学能否告诉我们活着的意义？能否为我们提供如何解脱烦恼的方法？同时，科学是建立在人类现有经验之上，其认识还处于变化中，永远是有限的。牛顿（Newton）曾是站在时代前列的科学家，可爱因斯坦又超越了牛顿的理论，谁能保证爱因斯坦就不会被超越呢？人是由物质和精神两大方面构成的，与之对应的是科学本体论和科学认识论。在科学史上，这两论又存在互相难以说服对方的悖论。完整的科学哲学应当包括科学本体论（世界是客观的）和科学认识论（世界也是主观的）两部分，人们有必要建立一门完整的科学哲学。在科学本体论与科学认识论之间存在着一种彼此反复支配—包容的关系、存在着一种悖理性。这一悖理性在科学史上具有代表性的问题之一就是：没有人类还有没有自然界？

教育最重要的是选择完美的教育内容和尽可能使学生之"思"不误入歧途，而导向事物的本原，在本原中把握安身立命之感。如果单纯把教育局限于学习和认知上，即使他的学习能力非常强，他的灵魂也是匮乏而不健全的。从这个角度看，现今流行的教育口号，诸如培养学习兴趣，学得一技之长，增强能力和才干，增加见闻，塑造个性都只是教育的形式，而非教育的灵魂。

有灵魂的教育意味着追求无限广阔的精神生活，追求人类永恒的终极价值：智慧、美、真、公正、自由、希望和爱以及建立与此有关的信仰；真正的教育理应成为负载人类终极关怀的有信仰的教育，它的使命是给予并塑造学生的终极价值，使他们成为有灵魂、有信仰的人，而不只是热爱学习和具有特长的准职业者。

二、智育与德育

现今的教育，从课程体系、内容到授课形式，有多少与以上信仰和理想有关呢？它是有科学而少灵魂的教育。有灵魂的教育不会排斥科学，相反，它能引导科学的发展方向，因为科学的基础和目标不能从科学本身中得到，只能回归到人身上来，尊重人的精神主观需要才有社会意义。

如今的教育并不缺少先进的教学方法和教学设备，并不缺少教育思想和教育著作，也不缺少教育学的教授和专家，但缺少有灵魂的教育。那种饱含对生命的终极关怀，对人的自由、公正和生存尊严的教育在远离我们，被淹没在利己主义的冰水之中。可以预见，未来浮出水面的将有不少的有知识少智慧、有目标少信仰、有规范少道德、有欲望少理想、有知识少文化的"建设者和接班人"。如果这样缺少灵魂的人组成我们的民族，那将是可怕的。

因此，我们要全面开展道德教育，塑造人的完整人格和人性，为人的全面发展提供伦理支撑，为人的个性的完善提供价值支持。道德是人们利益冲突关系的结果，它的主要功能是调节而非像法律一样去规范他人，所以道德更多的是人们间相互妥协的结果，但道德的宗旨却是以维护社会人的诚信、公正、善良为己任。道德教育是处理人的主体关系世界的，知识教育则更多的是处理人之外的非主体关系世界的。就人的全面发展的要求来看，人的个性的培养显然离不开道德教育，没有道德的人是与动物一样的"非人"。正是人类有了道德，人的世界才能被称为"人的世界"。因此，人的全面发展既要求知识能力的提高，更要求道德能力的培养，通过道德培养，提高人的人文素养，使之形成健全的人格。而这种道德水平不仅是靠人性自身的认知就能达到的，而必须通过教育。

重视"做人"教育，是古代社会各国教育的共同特征之一，在我国尤其突出。这从我国古代关于教育的定义中也可窥见一斑。东汉学者许慎在其所著的《说文解字》中说：教，上所施，下所效也；育，养子使作善也。韩愈被后人引为经典的"传道、授业、解惑"，也是把教学生怎样做人列为教师的首要职责的。英国最早创建的并在几百年内成为欧洲和美国早期大学榜样的牛津、剑桥两所大学，都是把培养有"教养"看得比有高深学问更为重要，认为教育的成果"不是书而是人"。在19世纪中以前，牛津大学的教学方式是：由一位导师对所选定的若干名学生负责培养三年，全部课程由导师一人讲授，导师的品德和人生观，跟拉丁文课本和希腊哲学一样，具有同等重要的作用。

但是道德教育的实践，不是靠一味的说教，而必须在现实的道德生活和经验中来理性地加以体验和践行。就类的层面来看，道德教育是使人有别于他物的根本教育形式，因为只有这类人才有真正的伦理和道德生活。与动物界的本能不同，人的这种伦理和道德关系是在社会交往中从私人利益或经济关系中产生和传承下来的，并伴随着生产和社会的发展而不断进行着新的建构。所以，道德教育是人类生活的伦理支撑。就个体层面来看，道德教育给予人以调节自己和他人间利益关系的尺度，个人作为一个独立的价值存在物，他的价值是以他人的价值独立存在为前提的；道德教育给个体以价值判断、选择、评价的善的人性标准，培养起个体完善的道德和价值判断能力，使个体间相互尊重、求同存异、共同发展。

道德的基本问题即个人利益和社会利益的关系以及自己与他人的关系问题。较多学者已对此做了充分的论证，基于此，可从利己和利他两个维度来划分基本的道德行为：利他包括损己利人；利己包括利己不损人、损人利己，此外还有利人利己双赢，及损人不利己的非理性的行为。

当前众多受教育者甚至教育者自身道德认知和道德能力的不断下降所造成的人格分裂和人性危机，已极大地威胁到了他们的全面发展要求。这要求教育在知识教育之中努力发展和培养道德教育，培育教育者和受教育者正确的主体价值判断能力和道德认知水平，培养他们完整的道德人格，帮助他们走向全面发展。

第二节　有效的德育探索

道德教育是人类生活的伦理支撑。道德教育的实施，不是靠一味的说教，而必须在现实的道德生活和经验中理性地加以体验和践行。因此，对成长中的青少年，对人的一生来说，道德水平的提高是伴随人一生的过程，其表现特点是：少年未经世，闻道不解之；中年几经世，闻道半疑之；老年已阅世，闻道始信之。孔子对这一过程更有经典的总结：

"吾十有五而志于学，三十而立，四十而不惑，五十而知天命，六十而耳顺，七十而从心所欲，不逾矩。"这些都是有效德育的年龄规律。就个体来看，道德教育给予人以调节自己和他人间利益关系的尺度，个人作为一个独立的价值存在物，他的价值是以他人的价值独立存在为前提的；道德教育给个体以价值判断、选择、评价的善的人性标准，培养起个体完善的道德和价值判断能力，使个体间相互尊重、求同存异、共同发展。在这个发展过程中，不同道德认知水平的人，会表现出不同的道德行为，具体表现在：上士闻道谨行之，中士闻道若存若亡，下士闻道大笑之。因此，我们在具体实施德育的过程中，应根据不同人的道德修养，对不同道德水平的人的行为特点进行区分，因材施教。

面对着当前众多受教育者甚至教育者自身道德认知和道德能力的不断下降所造成的人格分裂和人性危机，必须要在知识教育之中努力发展和培养道德教育，培育教育者和受教育者正确的主体价值判断能力和道德认知水平。特别是在知识经济这个人与自然的关系及人与人的关系进行调整的时代，应该更加重视"做人"教育，并把"做人"和"做事"教育结合起来，这对解决这个时代"以做事教育为中心"的不全面教育问题有着十分重要的现实意义。

一、德育有效性问题的讨论

我们的教育一直以来都是偏重强调培养对社会有用的人，而忽视人的自身发展。在培养社会竞争力并服务于社会的驱使下，人们忽视了怎样服务于自己、使自己更健康快乐，以致于人维护自身健康的基本知识技能欠缺，不能很好地融入社会，难以使自己充分地社会化。许多人靠成人后遇到问题时购书自学来补课，在现实生活中碰了钉子，受到教训后进行反省慢慢觉悟。

（一）德育理论与实践严重脱节

我们强调德育的思想性、政治性，而疏忽了一些最基本的做人的道理。有些学生讲起话来一套一套的，但是在实际生活中连最基本的道德规范，比如说，同学之间互相帮助、互相团结都做不到。

曾几何时，我们的德育讲道理的比较多，单纯靠外部手段约束的比较多，而让孩子通过选择、实践、体验而认识道理的比较少。真理是在实践中体会、体验，最终内化而认识的，这是德育的一种外部途径，而不是靠记诵和考试来掌握的。我们需要有一个中间层面的社会道德规范体系，即需要建立、完善社会主义道德体系。

（二）教育效果是各方教育形成合力的结果

学校教育、家庭教育、社会教育是现代教育的三个组成部分，教育的功能要靠学校、家庭、社会三者的共同努力来得以实现。

然而，随着现代社会核心小家庭逐步取代传统的大家庭成为社会主流，儿童失去了同龄的交流伙伴。同时，离婚率上升，家庭的稳定性下降，加上双职工的工作压力，使一部分家长放弃或忽略了家庭教育的责任，把子女的教育完全委托给学校，造成家庭教育的弱化。此外，信息化社会和现代大都市的生活方式又弱化了社区内部的直接联系，导致社区教育功能的逐步丧失。青少年本来应该在家庭和社会生活中完成的社会化过程无法顺利完成，就加重了学校教育的负担；然而，学校教育又由于升学的任务繁重，主要力量又集中在知识教育和升学应试上，做人教育被弱化，也没能很好地完成育人任务。这三者之间的失衡和缺位是"现代教育病"产生的根源。

在道德教育方面，许多家长感到茫然，无所适从。让孩子老实吧，担心孩子会受人欺负；让孩子不老实吧，又担心孩子变成了小滑头。类似问题对我们家长的教育智慧提出了考验。一方面，要坚持基本的道德，要诚信、诚实、宽厚；另一方面，又要告诉孩子，不要被别人骗，要识破别人的骗术。这也就是说要充分利用好权变理论，学会审时度势、因地制宜。

在现实生活中家庭教育在德育中起着基础性作用，父母的言传身教和行为习惯决定着孩子的德育基础。但是在孩子的成长过程中，家长往往会犯一种错误，那就是"家长不能够伴随着孩子的成长而成长"，常见的现象是家长一直停留在用对待婴幼儿时期孩子的态度来对待不断成长的孩子。这样，就导致家长往往在孩子快速成长变化的青春期阶段和孩子发生激烈的冲突，家长不能适应孩子的成长，导致家庭教育的失败。而许多家长不能意识到这一问题，往往把孩子与自己的冲突归结为学校教育的问题，指责学校德育无效。成功的家庭教育要求家长要伴随着子女的成长而成长，家长要跟随孩子，适应孩子，陪伴孩子一起成长，并平等地对待孩子，这样才能做好家庭教育。

（三）把"做事教育"与"做人教育"紧密结合

当今学校教育应把"做事教育"与"做人教育"紧密、有机地结合起来。

社会生活技能包括四方面内容。一是顺应环境的能力，就是说你每到一个环境中，都能够与各种各样的人打交道，对较好或较差的环境都能较好地适应。二是完成任务的技能。有的人到单位后，很快就能得到领导、同事的认同，就是因为他能创造性地完成工作，把工作做好。三是与人交往的能力。四是正确对待自我。

因为社会非常复杂，所以要有应变力，这里就有一个"度"的问题。在教育中怎样寻求"度"，可以体现出教育的智慧。比如，"应试教育"和素质教育的问题，很多家长可以做得很好，既让孩子考试成绩不错，同时又让孩子素质也不错。要把孩子放到社会中锻炼，要参加群体活动，互相交往，在交往中培养他的识别力和适应能力。

对青少年的教育可分三点。一是坚持底线伦理，也就是最起码的公德。二是提倡进取性道德，有理想，有独立自主精神。三是权变，学会适应社会的技能。

（四）个人发展与尊重他人

一是要强调一个人的操守，鼓励孩子成为道德高尚的人、真正的人。二是告诉他现在社会很复杂，要知道社会不是书上的社会、理想的社会，因为社会在转型，结构在变化，存在很多问题。三是告诉他怎么应变。但有个前提，你不能丢掉操守，这样会丧失道德，丧失自我，本质就变了。四是适应，但不能变本质。道德教育要从小抓起，要平等地正确地对待别人，这些东西都应该从小灌输，然后再告诉他社会很复杂。在幼儿园、小学中，当然可以不告诉孩子，大一点他自己会慢慢感受到社会的复杂性。让孩子看一点负面的东西也是应该的，不要完全禁止，不能让孩子做温室的花朵。

道德教育的根本就是教学生做人，做人的原则就是要会保护自己的权利，同时要尊重别人的权利。这个观念要从小树立，它表现在很多方面，个人和集体，个人和他人，包括家人之间、父子之间、母子之间、夫妻之间都有一个人权概念的问题。

二、关于人成长和道德发展规律的认识

以下一些学者的理论研究成果可以给我们实施有针对性和实效性的德育工作一些启示和依据。

（一）克尔凯郭尔的人生三阶段理论

哲学学者傅佩荣在其《哲学与人生》一书里对克尔凯郭尔的存在主义理论进行了剖析。克尔凯郭尔认为人生有三个阶段，即：感性阶段、伦理阶段、"依他"阶段。

1. 感性阶段

一个人在青少年阶段往往会以感性为主。所谓"感性"，用一句话来形容，就是"今朝有酒今朝醉"。这句话用了两个"今朝"，是为了强调他不想昨天，也不想明天，而只看当下。昨天发生的事已经过去了，悔恨又能如何？同样的，即使有人告诉你："今天好好努力，明天就会有好的成果。"可是有没有明天呢？

由上述可知，感性阶段的心态是偏向享乐主义的。享乐并没有什么不对，但是必须先思考两个问题。

第一，享乐分为很多层次，若只把享乐定位在身体的、本能的需要，是属于较低的外求于他的层次。因为人的生命有着整体的需求，而感官的满足来得快、去得快，刺激必须不断增强，但是效果则会渐渐递减，甚至会失去兴趣，到最后变成完全没有自我，活在一个官能的流动过程之中，这种享乐的背后实际上是痛苦。比较高境界的享乐不容易得到，但得到以后能够长久保持，而且这种快乐是内求于己，而非倚赖其他的因素和条件。因为越是倚赖外在的条件来满足，这种享乐就越没有保障。西方有

主张快乐主义的流派。这个学派是典型的享乐主义，但是他们的主张是一种温和的禁欲主义。这是由于他们了解，唯有温和地自我节制，才能够长期保持真正的快乐。

第二，必须考虑自己本身的性向，以及人生的目的。很多时候人要达成一个伟大的目标，必须经过许多痛苦的考验，尤其是目标越高尚、越伟大时，过程就会越辛苦。牛顿说过：天才只是长久的耐苦。当一个人认定了值得奋斗的目标，了解那就是他"想要的"，而努力去绘就属于自己的图案，他的人生才有意义。

感性阶段的特色是"向外追逐"。这个阶段的人到最后会感到忧郁，因为他们会觉得只有今天没有明天，而过去的自己又不再回来，因此生命好像落在中间，无所依恃。此时人们会开始思考："为什么我会走到今天这一步呢？"这就如同置身在悬崖边，前方是一片迷雾，必须自己选择是否要"跳"过去。若选择跳过去，就进入了伦理阶段。

2. 伦理阶段

这一阶段的特色是"向内要求自己"，把过去、现在、未来连贯起来，如此一来，生命就完整了。

然而，伦理阶段并不是终点，仍然要继续往上提升。然而，道德的骄傲更为可怕，当一个人在道德上反省自己、肯定自己的时候（如没骗过人、没诽谤过人等），便会开始产生骄傲的心态。

事实上，一个人在道德上不曾有过失，并不表示他的道德水平真的优于其他人，有可能只是因为他不曾受过真正的诱惑和试探。

3. "依他"阶段

在现实生活中我们常常面临两难的抉择，或遇上道德的困境，这个时候则必须"依他"。本质上人的生命是脆弱的，人既要面临着"生死之限"，也要面临着"人我之限"。面对"生死之限"，人们努力延年益寿、传宗接代，或者使自己精神不朽，体现了人向内对生命的欲求；面对"人我之限"，人们努力学习社会规则、提升竞争能力，或者认清形势、放下不争，体现了人向外对名利的欲求。总之，人欲求不断，但也并不是无所不能的。所以，"依他"也是一种真诚的表现。

不少人年轻时心高气盛，以为凭借一己之力就可以实现任何目标。但是，每遇到困难，人们就会不断受到打击，于是自信心随之慢慢丧失。最终人们发现，原来自己的能力是十分有限的。发现自己能力有限，这本身就是一个很大的收获。首先，它会使人变得谦逊，明白有些事情单凭个人的力量，是无论如何也做不好的。此外，发现自己能力有限，在做事的时候，还会使我们获得超越自己的无形力量的支持和保护。

经过实实在在的反省，人们会发现自己的生命在很多方面非常脆弱。接受这个事实，并且认识宇宙之中有更大的力量，它是生命的来源，也是生命的归宿，如果没有它，人的生命根本不可靠，就如同风一吹过，芦苇就折断了一般。若人不运用理智去想得透彻，那么他的生命可以说是痛苦的、毫无尊严可言。

（二）怀特海的教育三个阶段理论

英国哲学家怀特海认为：教育是"风格之培养"。他进而指出，一个人从小学到大学的教育可以分为三个阶段：浪漫期、精密期、展望期。以下是对这三个阶段的说明。

1. 浪漫期

小学阶段称为浪漫期，此期的心态充满想象力与好奇心，并且要求对任何事件都有比较完整的叙述，借此对无法理解的现实世界保持距离。

对这个阶段的孩子而言，现实世界发生的一切都是片片断断的，每天都会出现一些不完整的信息，最后甚至让人觉得这个世界好像四分五裂。小孩子能够把握的，是比较完整、有开头也有结局的故事，如漫画、童话、卡通等。小孩子从尚未准备好接受现实世界，然后再慢慢成长，接受真实的挑战。若是忽略此一阶段的需求，幼小的心灵将会受到伤害。

2. 精密期

初中、高中的六年称作精密期，在这个阶段要打下知识的基础。每一门学科都有基本知识，如果这个基础没有打好，可能从此一生都讨厌某一门学科，甚至从此不喜欢学习，结果损失最大的是自己。由此可知，这个时期是相当重要的，丝毫不能松懈，必须像装配机械零件一样，严格要求精确。

对这个阶段中的学生而言，感觉辛苦是应该的。我们不能因此就给他们松懈的理由，而要设法让他们知道这种辛苦到最后是值得的，会有丰富的回馈和收获。如果在中学阶段没有好好努力，那么这一生在知识的领域中，恐怕必须放弃许多权利了。

3. 展望期

上了大学以后则进入展望期，这个阶段要开始学习高瞻远瞩，去发现自己同社会、群体、整个人类、历史，甚至宇宙之间的关系。换言之，展望是敞开自己的心灵，培养独立思考的能力，找到自己生命的定位与意义。

一般而言，一个人在上大学以前不会想到这么多问题，即使想到也很难得到满意的答案。因此，中学生应该专心学业，努力把考试的科目念好，准备升大学。他们的人际关系也相当单纯，所面对的不过就是家人、同学、朋友而已。不过，如果上大学之后还保持中学生的心态，满脑子只有考试、得高分、毕业之后顺利就业等目标，那是不够的。学生之所以被称作知识分子，就是因为他们懂得展望，可以高瞻远瞩，让自己的生命与其他所有的重要领域连上线。

教育就是风格的培养。在此"风格"的意思是指一个人对自己的思想及行为有一定的要求，因此表现出来就有一定的水准。一个人受过教育之后，最大的特色是：对于许多事情不是不能做，也不是不敢做，而是不屑于做。"不屑于做"就是一种风格，是人受教育以后首先应该有的自我要求。

总之，人生是需要体验的。如果光是叙述各种道理与格言，而没有自己去体验的话，到了最后还是只能在知识的迷雾中打转。相反，如果一个人能够借体验去印证价值，那么随着生命的成长，他们的经验将越来越丰富，并且对人生的体验及对价值的掌握，也会越来越深刻而准确。

三、整体构建德育体系的基本框架

根据多年教育工作的经验和体会，笔者认为应围绕如何解决"闻道、悟道、做到"三个基本问题，整体构建德育体系的基本框架，具体分述如下。

第一，要依据自然发展规律、社会发展规律和人身心发展规律来确定德育的现实目标。学校德育作为德育主体的一种实践活动过程，其实质是学生主体在教师主体帮助下，消化、吸收、实践德育内容的过程。在此过程中，学生处在一定社会和自身成长的发展阶段，受社会环境和自身道德发展规律的制约。因此，在德育目标的确定上，不仅要考虑自然和社会的要求，更要重视学生自身成长的需要。

第二，"闻道、悟道、做到"是整体构建德育体系的核心。"闻道"是解决"是什么的问题"，"悟道"是解决"为什么的问题"，"做到"是解决"怎么办的问题"。任何道德教育的过程都是试图对人的道德认识、道德情感、道德行为发生影响的过程。也就是说，"晓之以理，动之以情，导之以行"这三者相对完整地反映了整个德育过程；"闻道—悟道—做到"也相对完整，且它们之间是一一对应的。闻道：通过教育传播，掌握道德规范，晓之以理；悟道：通过质疑、讨论、断疑、生信，动之以情；做到：通过体验快乐，践行信仰，导之以行。道德的形成是从道德认知走向道德行为习惯的，在此过程中道德生活体验和经历是决定道德觉悟高度的主要因素。

第三，德育体系的构建要考虑到年龄特征和个性差异。在我们身体成长的岁月里，我们的精神领域也在不断地得到充实。就我们个人的人生经验来说，我们的观念、我们的知识，离不开小时候父母的教育，上学后老师的教育，以及走上工作岗位后社会所给予的影响。我们现在所想的、所说的，都是长期以来一点一滴慢慢形成的。尽管，我们每天都会不断地表述：我的想法！我的看法！不时地发表一些高论。但在我们人生的每个阶段，观念并不是一成不变的，而是随着阅历的丰富，随着知识的增长，不断地发生改变。"少年未经世，闻道不解之""中年几经世，闻道半疑之""老年已阅世，闻道始信之"。德育体系的构建不仅要考虑到年龄特征，而且要关注品德形成中的个性差异。

第四，构建德育体系还要遵循道德认知和道德行为的一般规律：道德认知一般是从基本行为规范发展、提高到思想观念境界，而道德行为一般是从道德和法律约束的他律发展、提高到自觉遵守内化的自律的。需要简要说明的是，法律与道德属于不同的范畴，法律属于社会制度，道德属于意识形态，它们之间有着本质的区别。但法律与道德又是联系密切、功能互补的，从古至今、从中到外都强调法德并举，同时法律也都必然体现着一种道德精神。比如，我国古代的法律强调仁爱、孝道、礼，而西方的法律则体现自由、平等、公平。此外，法律代表着社会最基本的道德要求，比如，不能杀人、放火这是道德的最基本要求，同时杀人、放火也是法律所不允许的。因此，在道德规范外的法律是德育的基本要求。

第五，德育成效如何的最终衡量标准则是人是否学会了做人，是否能够与自然、社会和他人和谐相处，享受幸福快乐人生。

以上就是我们整体构建德育体系的基本框架。在这个框架中，我们以自然、人和社会为依据确定德育的目标，通过家庭教育、学校教育和社会教育三个主要途径，构建解决闻道问题、悟道问题、做到问题的德育过程方法体系，努力实现人与自然和谐、人与社会和谐，使受教育者学会做人，幸福生活。

四、有效德育的落实

（一）加强和改进学校德育工作

提高国民素质，教育是基础。德育肩负着培养思想道德素质的重要任务，在素质教育中德育居于首要的地位，对全面素质教育发挥着导向、动力和保证作用。加强和改进学校德育工作，增强德育工作的科学性和实效性，是实施素质教育的一个重要任务。同时，素质教育对德育提出了更高的要求。素质教育要求全面提高学生的素质，作为素质教育核心的德育，就要全面提高学生的思想道德素质。思想道德素质是一个综合性范畴，包括政治素质、思想素质、道德素质、法纪素质和心理素质等。加强和改进学校德育工作，就要对德育的要素结构和层次结构进行分门别类的研究。

一是按照学生的年龄特征以及品德形成发展的内在规律，分别研究小学德育、中学德育、大学德育以及各级各类学校德育的纵横衔接。从纵向看，是小学、中学、大学三个子系统的纵向衔接，使每一个子系统的德育目标、内容、途径、方法、管理、评价都应遵循不同学段学生的年龄特点和品德形成发展的规律，建立分层递进、螺旋上升、和谐衔接的有机联系。从横向看，是德育目标、德育内容、德育途径、德育方法、德育管理、德育评价六个分系统的横向贯通，使每个分系统都要落实到小学、中学、大学三个子系统之中去，遵循德育工作的规律，使德育目标、内容、途径、方法、管理、评价环环相扣、互相依存、和谐贯通。

二是将广义的德育分解为道德教育、政治教育、思想教育、法制纪律教育、心理教育等方面，分别研究各自的特点、规律、内在机制以及它们之间的相互关系，从而为全面提高学生的思想道德素质提供理论参照和实践操作的模式。

三是将德育渗透到各学科教学中去，共同实施，形成合力，为提高国民素质，培养学生的创新精神和实践能力奠定基础。

（二）学校、家庭、社会合力塑造学生的"品行"

"品行"的内在影响因素是人的人生观、世界观和价值观，外在影响因素是文化知识、社会道德规范和法律规则。我们在整体实施德育、塑造学生"品行"的过程中，要发挥好学校在人生观、世界观、价值观和道德规范、法律规则上的认知教育的作用，通过在家庭和社会的选择、实践、体验，将好的"品行"内化为学生的习惯。在青少年时期当人的世界观、人生观和价值观还没形成时，其"品行"主要由外部行为规范来约束，使行为成习惯，习惯成性格，性格定命运。当青少年成人以后，特别是逐步步入不惑之年之时，人生观、世界观、价值观的形成定型对其"品行"的影响将是巨大的。

只有人生观、价值观上的悟道进步，才能有道德行为上的提升，前者是本源。脱离本源对道德行为上的要求是不能落实的行动，是缺乏动机的虚假行动。当前我们的德育缺乏针对性和有效性的一个关键问题是脱离了青少年的年龄规律，在其思想比较幼稚的阶段，过早、过多地进行说教式的世界观、人生观、价值观的教育。这些问题往往需要人有人生经历以后，才能逐步体验悟道。因此，对于青少年的德育我们应该从简单做起，从生活行为习惯养成做起，随着年龄的增长，逐步树立正确的世界观、人生观、价值观，使我们德育工作针对性和有效性更强。这样，才能改变我们目前小学阶段过多讲大道理，而大学阶段重新培养良好行为习惯的倒挂现象。

在实施德育的过程中，我们可思考从以下几个方面着手：

第一，解决导致人的道德行为问题的根源问题；

第二，在不同的年龄阶段，有针对性地解决该年龄段应该培养的道德行为品质；

第三，在生活中，让青少年面对生活问题去体验、总结、学习，养成道德行为习惯；

第四，通过法制教育等外界约束，来规范青少年的行为习惯。

从德育的途径上看，家庭教育是德育根基。孩子从出生到长大，最先影响孩子，伴随孩子最长时间的是家长，家长的一言一行都将对孩子产生深刻的影响。当前，在家长与孩子关系上存在的问题，一方面体现为父母对子女的专制；另一方面，又表现为对孩子的过分溺爱。

其实，无论是家庭教育、学校教育还是社会教育，对孩子教育的关键是正面引导和鼓励，给孩子以爱和自信心，这是实施有效德育的根本。一句鼓励的话，可改变一个人的观念与行为，甚至改变一个人的命运。一句负面的话，可刺伤一个人的心灵，甚至毁灭一个人的未来。因此，在德育工作中我们要倡导赏识教育。

第三章　教育与人的发展

第一节　人的本质观与教育

一、人的本质观的教育学意义

什么是人和人的本质？这是人类思想史上长期争论的问题之一。人要生存，要发展，就必须认识自己。所以，在近代史上，人的本质问题已不仅是哲学的命题，而成为社会学、文学、伦理学、心理学、教育学等各门学科所共同关心的课题。尤其对于教育学，这一问题更具有特殊意义。因为教育对象是人，教育是专门培养人的社会活动。教育欲有效地培养人，就必须了解人，必须了解人的本质及其客观规律。

关于人的本质问题，自古以来就争论不休。无论在中国或西方，各个历史时期，都有许多思想家对人的本质问题提出各自的不同看法。

对于人的本质的看法，虽然众说纷纭，不尽相同，但是一般都是围绕着人的本原和人性善恶两个方面进行的。

西方古希腊罗马时代，一些朴素的唯物主义哲学家强调人的本原的物质性，即人是由物质构成的。例如，泰勒斯认为人的本原是水，赫拉克利特则认为人的本原是火，阿那克西米尼持人的本原空气说，德谟克利特则持人的本原原子说。他们的唯物主义观点虽然肯定了人的本原的物质性，却都不能真正说明人的本质特征。与此同时，有些人则持有另外的看法，他们推崇人的精神和理念。例如：苏格拉底、柏拉图从唯心主义的立场出发，他们都把"理念""灵魂"看作是人的本原。他们认为人的"理念""灵魂"高于一切。人的肉体是灵魂的监狱。肉体可以死亡，而"理念""灵魂"永恒不灭，它们是人和事物的"原型"。

苏格拉底和柏拉图这种唯心主义观点，在欧洲中世纪为宗教神学所发展。他们宣扬上帝创造一切，人生来有罪（原罪说），主张人要摆脱肉体禁锢，拯救灵魂，倡导禁欲主义。

欧洲文艺复兴时期，新兴资产阶级反对封建主义和神学统治，打出了"天赋人权"

"个性自由"的旗帜，同封建统治、宗教神学展开斗争。他们甚至用人的自然性反对神性，用自然主义反对上帝权威。德国的费尔巴哈就是一位突出的人本主义代表。

由上可见，无论把人的本质归结为精神（灵魂）还是归结为人的自然属性，都没有说明人的真正本性。

关于人的本质争论的另一种形式是人性善恶之争。这在中国历史上表现得较为突出。这一争论的焦点是：人生来性本善还是性本恶？人性善恶是与生俱来的，还是后天形成的？人性是否可以改变？

人性善恶的争论，尽管针锋相对，但都从不同角度把善恶归于先天人性，显然都是不科学的，都没有能够揭示人的本质。

历史上人的本质观的争论，与教育思想都有着密切联系。对人的本质的认识不同，对于教育的本质、作用、任务，以及教育方法的观点也就不同。

人的本质观同教育思想密切相关。对人的本质认识不同，教育思想也就不同。以往的教育思想存在这样或那样的问题，归根结底多是同对人的本质缺乏科学认识有着密切关系。马克思主义人的本质观的产生为教育思想的科学化奠定了理论基础。

二、马克思主义关于人的本质的基本观点

什么是人的本质？人的本质概括来说就是指人之所以为人的特有的质的规定性。以往历史上的人的本质观，都想揭示人的特有本质，但是由于各自世界观和历史条件的限制，都没能对人的本质做出科学说明。

马克思主义创始人提出的人的本质观点，不是单纯思辨的产物，而是基于对人类历史的全面考察，同时又是在对历史上一切有价值的优秀遗产的批判继承中形成的。马克思根据辩证唯物主义和历史唯物主义世界观，一开始就跳出了以往人的本质观的种种局限，把人放到社会现实中进行观察，从而科学地揭示了人的本质的秘密，创立了科学的人的本质观。马克思一开始就指出："'特殊的人格'的本质不是人的胡子、血液、抽象的肉体的本性，而是人的社会特质。"马克思主义的人的本质观正是沿着这条路线发展下去的。

马克思是从人的一般本质和特殊本质两个方面不断揭示人的本质的。

对人的本质的特有规定性的认识只能首先从人与动物的区别开始。对于人与动物的区别，马克思不像以往历史上那样从人的表面现象进行区别，如"人是没有羽毛两脚直立的动物"（柏拉图），"人是在大自然的舞台上从事表演的傀儡"（维尼），"人是机器"（拉·梅特里），等等。马克思首先认为人类特性是"自由的自觉的活动"。他说："有意识的生命活动把人同动物的生命活动直接区别开来。正是由于这一点，人才是类存在物。"他又说："一个种的全部特性、种的类特性就在于生命活动的性质，而人的类特性恰恰就是自由的自觉的活动。"把人同动物的区别归结于人的自由自觉性，

就是肯定了人的主观能动作用，这就在人的本质观上远远超越了以往的机械唯物主义。

马克思和恩格斯从他们的唯物史观形成时起，对人的本质的认识就从人的自由自觉性转向了生产劳动。把人的本质归结为生产劳动，这标志着马克思主义对人的本质认识的深化。仅这一点，马克思主义的人的本质观，就已经远远超越了以往的种种认识。

但是，马克思对人的本质的认识并没有就此止步，还在进一步向更深层次发展。人的本质是"一切社会关系的总和"的观点，是马克思主义对人的本质最深层次的揭示，是马克思对人的本质观的伟大历史贡献。这一人的本质观不仅科学地揭示了人的"一般本质"，更深刻地揭示了人的"独特本质"；不仅科学地说明了人同动物的本质区别，更揭示了人性的历史变化的奥秘。马克思主义的这一科学的人的本质观，是迄今为止历史上所有人的本质论中最科学、最精辟的论断。这一科学的人的本质观是马克思对人类思想的一个重大贡献，它为我们正确认识人和人的活动及其形成发展，提供了科学理论基础。

三、马克思主义人的本质观与教育思想的科学变革

从马克思主义关于人的本质的观点中可以看出，这一人的本质观具有许多重要特点。这些特点不仅标志着人的本质观的根本变革，同时也为教育思想的科学化奠定了理论基础。下面我们就马克思主义关于人的本质观的主要特点，来看一看其与教育思想科学化的关系。

第一，马克思主义人的本质观紧紧把握人的现实性，确立了科学教育观的现实化。

马克思主义人的本质观的特点之一，就是肯定人的现实性，要求从现实的人出发。唯心主义人的本质观强调人的"灵魂""自我意识"，显然把人看作是脱离现实的人。费尔巴哈把人的本质归结为人自身自然，看起来是把现实的人作为出发点，其实，他把人的本质归结为"理性、爱、意志力"，结果也是脱离现实，是对人的自然属性的抽象。

马克思主义强调观察人必须从现实出发，把人看作现实的人。马克思和恩格斯说："这种观察方法并不是没有前提的。它从现实的前提出发，而且一刻也不离开这种前提。它的前提是人，但不是某种处在幻想的与世隔绝、离群索居状态的人，而是处在一定条件下进行的、现实的、可以通过经验观察到的发展过程中的人。"他们同时指出，人的本质的基础不是人的抽象，而是"每个个人和每一代当作现成的东西承受下来的生产力、资金和社会交往形式的总和，是哲学家们想象为'实体'和'人的本质'的东西的现实基础"。

由此可见，紧紧把握人的本质的现实性，把人看作一定社会条件下现实的人，是在特定环境下进行活动的活生生的人，这不仅是马克思主义人的本质观的特点，而且

是马克思主义唯物史观的前提。正是这一特点和前提，把马克思主义人的本质观同以往的人的本质观区别开来，也使教育思想发生了科学变革。

抽象的人的本质观，在教育上也往往以抽象人性看待教育对象，脱离社会现实认识人。以往历史上无论是强调人的"精神""理念"的教育思想，还是主张培育人自然本性的各派教育主张，都是把人抽象化，把人当作脱离现实的人。这种教育思想都是超现实的。

马克思主义人的本质观，反对把人的本质看成"单个人所固有的抽象物"，强调"在其现实性上"认识人，这就为科学的教育观创造了前提。作为教育对象的人都是现实的人，都不是孤立的，都是处在一定历史条件下的具体的人，所以教育不能脱离现实。现代人本主义教育理论强调"人的自我价值""发挥人的潜能"等，也不过是一种脱离现实的教育思想。科学的教育理论，必须以人的现实性为前提。否则，教育观必然堕入唯心主义泥坑。

第二，马克思主义人的本质观坚持人的自然性与社会性的统一，奠定了教育思想的科学出发点。

马克思主义肯定了人的本质是"一切社会关系的总和"，即肯定了人的社会性。马克思主义创始人曾明确指出"个人是社会存在物"，人们"只有在社会中并通过社会来获得他们自己的发展"，所以他们断定："不管个人在主观上怎样超脱各种关系，他在社会意义上总是这些关系的产物"。

马克思主义肯定人的社会性，确认人的本质是社会关系总和，这是人的本质观的革命性变革。然而马克思主义并不因此而否定人的自然性。他们在肯定人的社会性的同时，也承认"人直接地是自然存在物"。他们认为："任何人类历史的第一个前提无疑是有生命的个人的存在。因此第一个需要确定的具体事实就是这些个人的肉体组织，以及受肉体组织制约的他们与自然界的关系。"由此可见，马克思主义的人的本质观强调人的社会性与自然性统一。

但是，人的社会性与自然性的统一不是折中，而是在社会关系基础上的统一。马克思和恩格斯都承认人的自然性一面，并且要求重视人的自然性，然而他们认为人的自然性是受社会性制约的。作为社会的人，不仅他的一切活动是社会的，甚至他的生命的自然性也是社会的，是社会的自然。马克思说："自然界的人的本质只有对社会的人说来才是存在的。"例如：人同动物一样，也具有自然本性，为了生命的生存需要吃、喝；为了传宗接代，就有性爱。可是人毕竟不同于动物。饮食、性爱对动物来说就是它们的终极目的。而人却绝不是为了饮食、性爱而活着。就是这种纯生理、自然的需要，也反映着社会关系，具有社会的性质。正如马克思指出的那样："吃、喝、性行为等等，固然也是真正的人的机能。但是，如果使这些机能脱离了人的其他活动，并使它们成为最后的和唯一的终极目的，那么，在这种抽象中，它们就是动物的机能。"而人的活动和需要绝不同于动物。人的"活动和享受，无论就其内容或就其存在方式来说，都是社会的，是社会的活动和社会的享受"由此可见，马克思主义的人的本质观强调在社会关系基础上的人的社会性与自然性的统一。那种认为马克思主义只承认人的社会性，否定人的自然性，或强调人的自然性与社会性折中式的统一，都是对马克思主义人的本质观的曲解。

马克思主义关于人的社会性与自然性统一的观点，不仅是对人的本质观的贡献，而且也是科学教育理论的重要出发点。教育培养人，不能脱离社会关系，必须依据社会关系的需要并在社会关系中进行，这是教育的客观规律。任何企图使教育同社会关系脱离，搞封闭式的教育，都是对教育规律的违背。

同时，社会关系在阶级社会都反映着阶级关系，因而由社会关系决定的人也必然体现着阶级性。教育是由社会关系决定的，教育对象的人的形成也取决于社会关系，所以，阶级社会的教育也就必然具有阶级性。

教育要重视人的社会性，重视社会关系对人的作用，同时也不应忽略人的自然性一面。人的自然素质也是客观存在，忽略人的自然素质在教育中的意义，就是否定了教育的自然根据。马克思主义教育理论反对遗传素质决定论，只是反对教育脱离社会关系，过分夸大遗传素质的作用，并不是否定人的自然素质的意义。在加强教育同社会联系的同时，重视对人的自然属性的研究，这是科学的教育理论的正确出发点。

第三，马克思主义人的本质观，确认了人的本质的多样性和变化性，为教育思想树立了辩证发展观。

马克思认为："人的本质规定和活动是多种多样的。"把人的本质看作是多样的和发展变化的，是马克思主义人的本质观的特点之一。

事物的本质是具有层次性的，这也反映了人的认识的特点。人的认识是由浅入深地进行的。列宁说："人对事物、现象、过程等等的认识深化的无限过程，从现象到本质、从不甚深刻的本质到更深刻的本质。"列宁又说："人的思想由现象到本质，由所谓初级本质到二级本质，不断深化，以至无穷。"这说明事物的本质具有层次性，人对本质的认识也是逐步加深的。事物不同层次的本质都是事物的本质，只是层次不同而已。

对人的本质的认识也是如此。马克思主义对人的本质的揭示，也正是这一认识规律的体现。把人的本质理解为"自由自觉性"，进而看作是"劳动"，最后又归结为"一切社会关系的总和"，这一方面标志着对人的本质认识的深化，另一方面也反映着人的本质的层次性和多样性。马克思主义关于人的本质层次性的认识，抓住了人的真正本质，克服了以往各种人的本质观的形而上学性质。

马克思主义人的本质观不仅说明了人同动物区别的"一般本质"，更说明了人同人区别的"特殊本质"。人同动物的"一般本质"同其他一切事物的本质一样是相对静止的，它只有层次上的深化，而无同一层次的区别。例如：物理学中的分子、原子，在其各自层次中本质属性是固定的。而人的本质则不然，人的本质是社会关系的总和。社会关系是动态的、发展变化的，这就说明人的本质规定也是发展变化的。正因如此，马克思认为"整个历史也无非是人类本性的不断改变而已"。所以，马克思主义要求研究人不仅要研究人的"一般本性"，更要研究"历史地发生了变化的人的本性"。

马克思主义关于人的本质多样性和发展变化的观点，打破了以往人的本质观的形而上学，同时也为教育理论确立了发展变化的观念。这一教育观念要求以多样性的观点看待教育对象，以发展的观点看待人。承认教育对象的多样性和发展变化，是科学教育观的重要标志。

第四，马克思主义人的本质观承认人的受动性与能动性的统一，为科学的教育理论提供了客观依据。

既肯定人是社会关系的产物，同时又承认人的自由自觉性，把人看作是受动与能动的统一，这是马克思主义人的本质观的又一个重要特点。

马克思主义认为人的本质既不是自我意识，也不是上帝的意志，而是由社会关系决定的社会实体。人的本质是一切社会关系总和的观点，就说明了人的受动性。

但是马克思主义者又不像机械唯物主义者那样，把人单纯看作是消极的客体。他们认为人既是客体又是主体，既是受动的又是能动的。人区别于动物的特点之一就在于其具有主观能动性。

恩格斯说："就单个人来说，他的行动的一切动力，都一定要通过他的头脑，一定要转变为他的意志的动机，才能使他行动起来。"这充分说明了人的主观能动性的重要作用。

然而马克思主义认为人的能动性的发挥是有条件的。正如马克思所认为的那样："人们每次都不是在他们关于人的理想所决定和所容许的范围之内，而是在现有的生产力所决定和所容许的范围之内取得自由的。"这就是说，人的"能动性"是以"受动性"为前提的，能动性必须以社会物质生活条件为基础。

马克思主义关于人的受动与能动统一的观点，对于教育理论和实践都具有十分重要的意义。人有主观能动作用，所以，受教育者才不单纯是受教育的客体，也是学习的主体；人又是受动的，所以，人的本性的改变又是可能的，教育是巨大的育人力量。

人的能动与受动一致的规律，是科学教育理论的客观依据。它告诉我们，教育既要重视社会条件对人的影响，重视教育在人发展中的重要作用，同时又要尊重受教育者的主观能动性，要把学生看作是客体与主体的统一，这正是充分发挥教育效用的客观依据。

第五，马克思主义人的本质观肯定人的本质的总和性，指明了教育的复杂性及整体总和作用。

马克思认为人的本质是"一切社会关系的总和",这一结论不仅强调了人的社会性,更强调了社会关系的总和性。

社会关系本来就是复杂的。列宁在谈到马克思和恩格斯这一观点时说:"思想的社会关系不过是物质的社会关系的上层建筑,而物质的社会关系是不以人的意志和意识为转移而形成的,是人们维持生存的活动的(结果)形式。"这说明社会关系不仅包括社会物质关系即经济关系,还包括复杂的思想关系。在物质关系与思想关系上又表现着决定和被决定的关系。人的本质既然是社会关系的总和,就是说人不是社会关系的某一侧面,而是物质关系和思想关系即"一切"社会关系的"总和"产物。马克思主义人的本质观,既揭示了人的本质的社会性,又指明人的本质的"总和性",这表明了马克思主义人的本质观的深刻性。马克思主义人的本质观的这一"总和性"的特点,为教育思想指明了正确方向。

作为教育对象的人既然是由一切社会关系总和制约的,教育就必须充分利用,并在一定的社会关系"总和"中进行教育。不仅要重视物质生活条件和人们的交往关系的教育作用,而且要重视思想关系对人的影响,要充分发挥教育对"一切社会关系"的全方位统合作用。

由上可见,马克思主义人的本质观是科学教育观的指导思想和理论基础。

第二节 人的发展特点与教育

一、人的发展的概念

什么是发展?发展是指事物有规律的运动变化过程。科学证明,世界上的一切事物都不是一成不变的,都有着由小到大、由简单到复杂、由低级到高级、由旧质到新质、由成长到衰亡的有规律的变化过程。事物的这一运动变化过程就称为发展。

什么是人的发展?人同其他事物一样,也有着成长变化过程。这个过程既包括整个人类的产生发展,也包括个体人的成长。

教育学和心理学主要研究个体人的发展。所以,这里所说的人的发展专指个体人的发展。

个体的发展包括身、心两个方面。身的方面包括肌体的正常发育和身体素质的健康成长两部分。肌体的发育指有肌体的骨骼、肌肉、神经系统等肌体的生长。身体素质则指肌体的生理功能特性,以及力量、速度、灵敏、耐力、韧性和健康状况(如对自然的适应力和对疾病的抵抗力）等。心的方面，在教育学中不单指心理，而是指个体的总的精神方面。这方面也包括两部分，一是心理过程（如感知、记忆、思维、情感、意志等心理活动），二是道德情操。

个体身心的这些方面都是密切相关和互相联系的。心理是大脑的机能，身体是精神的载体，精神、心理是离不开身体的，身体的发育制约着精神、心理的发展。同样，精神和心理在一定程度上也影响着人的肌体成长。身、心两个方面是统一的，是人的发展不可分割的两个方面。教育促进人的发展，就必须全面关心人所有这些方面的和谐发展。

人的发展理论还包括生长、成长、成熟等概念。生长一般是指肌体发育过程。成长不单指身体，也包括心理的动态变化。成熟是指人的身心发展变化的状态和程度。人的身心发展由不完善向完善运动。运动的阶段标志着人的身心发展的成熟程度。当人的身心发展达到完善程度，便称为成熟。

另外，人的发展贯穿于人的整个一生。人出生后从婴幼儿期、儿童期、少年期、青年期、壮年期、老年期，直至死亡，都在人的发展范畴之内。所以，人的发展不能只包括成长时期，应当包括人的一生。人从新生到成熟是发展，从成熟到衰老也是发展。所以，现代教育的对象不再局限于儿童、青少年，而涉及人的一生。"终身教育"概念的产生，便说明了教育与人的发展观念的新趋势。

二、人的发展的特点

人的发展是有规律的，这些规律反映出人的发展的一系列特点。掌握了这些特点，也就了解了人的发展规律，这对教育是有重要意义的。

（一）内因与外因的统一性

人的发展取决于内部因素还是外部因素？这是人的发展理论中一直存在的一个争论焦点。在人的本质观中就曾谈到，历史上有些思想家和教育家强调人的发展完全取决于人的内在因素。这种观点或认为"理念""灵魂"先天存在，发展取决于"自我回忆""自我认识"（如苏格拉底、柏拉图）；或主张人性本善，发展在于"自求""自得"（如孟轲）；或认为人的发展取决于先天本性和自然素质，后天教育只能顺其自然（如夸美纽斯、卢梭）。另外有些思想家和教育家，其观点正好相反，认为人的发展完全取决于后天外在因素。他们有人认为人性本恶，其发展须靠后天教育矫治成善（如荀况、赫尔巴特）；或认为人性生如白板，可任人涂抹（如洛克）；或认为人的发展与先天完全无关，全在于后天"学习"，人可以在后天任意塑造（如华生）；如此等等。

上述种种观点都是片面的。无论是强调人的发展取决于内因，还是强调人的发展取决于外因，都把内因和外因完全割裂开来，对立起来了。其实，人的发展永远是内因和外因共同作用的结果。

这里所说的人的发展的内因，不外乎人的生理素质和心理状况两个方面。没有外部社会条件和教育，人的内部因素就不能很好地发展。然而外部条件和教育离开人的内部因素，人也就失去了发展的根据。所以，强调教育必须了解人的生理、心理特点，并适应其发展状况和水平进行教育，正是这一客观规律的体现。

（二）量变与质变的一致性

人是发展变化的，不变就没有发展。事物的变化不单是数量的增减，而且也有质的变化。列宁指出有两种不同的发展观。他说："有两种基本的（或两种可能的？或两种在历史上常见的？）发展（进化）观点：认为发展是减少和增加，是重复；以及认为发展是对立面的统一。"前一种发展观是机械的，只承认事物发展量的变化，而不了解对立面的统一，即质变。后一种发展观是辩证的，认为事物的发展不仅有量的变化，而且有质变。

人的发展也是如此，不仅有量变，也有质变，是量变与质变的统一。如人的肌体发展，由于细胞的增殖，人的身高和体重都在不断变化。随着机体的发展，生理功能也在发展变化。幼儿从翻身到会爬，从爬行到学会行走，从走到跑，一直到成年学会劳动，这些都是在量变中发生质的飞跃。心理发展同样是量变和质变的过程。从感觉到知觉，从机械识记到意义识记，从形象思维到抽象思维，也有量到质的变化。又如人的智力发展，幼儿学习语言，先从一些单词开始；随着词量的增加，当能用词语表达完整的意思时，就发生了质变。再如儿童学习数学，先学加减，而后学会乘除，当能进行运算时，就发生了质的变化。教育就是要根据这个规律，适当促进人的发展由量变向质变、由旧质向新质的不断转变。

（三）发展的连续性和阶段性

一切事物的发展都是连续不断的且具有阶段性。人的发展同样是连续的并且有相对稳定的阶段。人的发展的连续性和阶段性突出表现为身心相互制约的共同发展。

人的身心发展是不间断的连续发展过程，而且这个连续发展过程又是有序的。人的身高、体重随着年龄的增长而不断增加，人的生理功能也随着肌体的发育而逐步完善。从婴幼儿期到童年期、少年期、青年期、成年期、老年期，人的每个阶段的身心发展都有其阶段性特点。而各个年龄阶段又是前后衔接的。各个年龄阶段呈现出的相对稳定的一般典型特征，即年龄特征。例如，在儿童期，儿童身体发展相对稳定，认知方面具体思维开始向抽象思维过渡，开始掌握书面语言，随意性记忆和注意开始占据主导地位。在少年期，身体发展开始活跃，性机能萌动，开始进入青春发动期；心理方面抽象思维明显发展，自我意识和意志力增强，开始具有道德评价能力。在青年期，身心发展成熟，精力旺盛，逻辑推理判断能力形成，企望理想、价值感，追求友谊和爱情；道德意识和社会责任感增强，个性显露，世界观开始形成。

人的身心发展的连续性和阶段性特点，要求教育活动必须与之相适应。人的发展的连续性和有序性，要求教育必须循序渐进、由浅入深、由简到繁、由低级向高级有序地进行。人的发展的阶段性，要求教育必须考虑教育对象的年龄特征，对不同年龄阶段的儿童采取不同的教育方法，进行不同内容的教育。

（四）发展的个别差异性

同一年龄阶段的人一般来说具有共同的身心发展特征。但由于遗传、环境、教育等条件的不同，个体在发展上又存在许多个别差异。比如身体发育，虽然年龄相同，但有的在身高、体重上增长较快，有的则较慢。有的提前进入青春发育期，有的则推迟进入。智力上的差异也比较常见。有的儿童富于想象，有的儿童擅长记忆；有的语言丰富，擅长描写，有的计算敏捷，擅长心算；有的年少聪颖、智力超常，成为少年学生；有的智力发展缓慢，落后于同龄人水平。在性格上，有人爽朗，有人羞涩，有人好动，有人爱静。

人的发展的种种方面千差万别。这些差别都与一个人的遗传素质、生长环境、教育条件有关。人的个别差异是客观存在的，不完全为人们的意志所转移。教育必须重视人的个别差异，根据个别差异施教，而不是笼统地消灭差异。个别差异按其性质可分为两类。一类是不正常差异。如同一年龄阶段，个别儿童身体发育失常，或者智力发育迟缓。教育应根据不同原因，促进其正常发展，即"长善救失"。另一类是正常差异，即在正常发展水平下，某一方面发展超常。如同一年龄阶段，在心理水平正常的前提下，某些人记忆超常，富于想象，形象思维或抽象思维超常发达，等等。这种差异于发展不仅无害，反而正是个性形成的前提。对于这种差异，教育上不仅不应压抑，应更加鼓励，为其创造条件，促进其进一步发展，这也就是"因材施教"。所以，教育既要了解人的正常发展特征，又要具体分析个别差异，扬长补短，因人施教，以获得最大成功。

（五）身心发展的全面统一性

人的身心发展是统一的，身心两方面的发展是互为条件、互相促进的。人的发展又是全面的，是身心领域各个方面全面的发展。

身心发展关系问题，是一个比较古老的问题，至今仍有争论。争论的焦点主要是身体和心理是二元的还是有机统一的，对此各派所持观点是各式各样的。其实人的身和心是统一的。人的心理是人的身体的一种机能，它是以生理机能为基础的，其中主要是人的大脑机能。身体的发展是心理发展的物质前提，所以，心理的发展不但寓于身体之中，并且随着身体的发展而发展。由此可知，身心的发展是交互影响、交互作用的，是统一不可分的。因而不能孤立地对待人的身心发展问题，必须统一认识。

另外，人的身心发展又是全面的。人是完整的社会人，必须身心全面地发展，不仅在身体方面肌体和生理功能要全面正常发展，智力方面和道德品质方面也必须全面发展。教育的任务就是要遵循这一规律，促进人的身心全面统一发展。

人的身心发展的特点是人的发展规律的体现。要教育人，必须先了解人。只有充分了解人的发展特点，掌握规律，教育才能发挥其应有作用。

三、人的发展动力

人的发展动力是什么？这也是教育学应当明确的问题。

什么是需要？需要是人生理和社会的需求在人的头脑中的反映。人为了个体和社会的生存，就有种种需求。这些需求有的是自然的、生物性的，例如人为了适应机体成长活动要求，需要衣、食、住、行；有的是社会的，如人为了适应社会生存和发展，需要进行社会交往和生产劳动等社会实践活动。马克思和恩格斯在考察人类社会历史时指出："一切历史的第一个前提……人们为了能够'创造历史'，必须能够生活。但是为了生活，首先就需要衣、食、住以及其他东西……"第二个事实是，已经得到满足的第一个需要本身、满足需要的活动和已经获得的为满足需要用的工具又引起新的需要。"需要是每个人都具有的，而且是多样的。所以，马克思和恩格斯认为"在现实世界中，个人有许多需要"，"他们的需要即他们的本性"。这清楚地说明，人的需要是推动人和社会不断发展的动力。需要是人的本性，是人的发展的根据。

当然，人的需要不同于动物的需要，它不仅由外部条件引起，还受外部条件制约。比如人的学习需要。外部世界的发展变化，通过实践活动或教育作用，使人感到自己的身心发展水平和状态不能适应客观要求，因而产生学习的需要。人的自然需要也不是纯自然状态的，它也要受外部条件所制约，打着社会的烙印。正如马克思所说，衣、食、住、行本是人的自然需要，但对社会人来说也已经"不是纯粹的自然需要，而是历史上随着一定的文化水平而发生变化的自然需要"。吃、喝、穿、住，随着社会的发展已经失去了本来的纯粹的自然需要意义，而具有了享乐、彰显地位和审美的价值。所以，需要是人的发展的内在动力，但是，需要的性质和方向，每个人却不尽相同，这是由社会关系的复杂性决定的。

根据人的发展动力的理论，教育促进人的身心发展就是要不断激发人的内部矛盾，使之不断产生新的需要，并适当规范需要的性质和方向，授以解决需要的目的和方法。正是从这个意义上说，教育是变社会需要为个体需要，使个体需要社会化、实际化的过程。

第三节　人的个性与教育

一、个性的定义

什么是个性？个性一词最早来源于拉丁语，意思是指戏剧演员所戴的表现人物角色的假面具。心理学一般把个性解释为个人各种重要的比较稳固的心理特征的总和，主要表现为一个人的气质、性格、能力、情感、意志、兴趣、爱好等方面。这里既包括个性心理特征，也包括个性的倾向性。

其实个性这一概念的内涵是非常丰富而复杂的，个性的定义是多种多样的。个性是社会人的重要特征。许多学科研究人的个性问题，不仅心理学研究人的个性，哲学、社会学、伦理学、文艺学、法律学等也都研究人的个性。正因为许多学科都关注个性，并且都从不同方面研究个性，所以，各门学科和各家各派对个性的定义很不一致，迄今为止仍没有一个能为所有研究者所共同接受的明确定义。

教育学是研究人的教育的。人是社会的人，个人由于所处的社会环境以及实践活动不同，都具有个性。教育不仅要根据社会统一要求培养人的共性，而且要根据个人的特点发展人的个性。所以，教育学更关心人的个性及其培养问题。

心理学是与教育学密切联系的学科，它为教育学提供心理依据。因此，以往教育学都采用心理学的个性概念。其实，心理学关于个性的定义对于教育学来说是远远不够的，不能反映出教育学的全部要求。心理学的个性定义主要是从个人心理方面概括出来的，这一定义对教育学有重要意义，但还不够。教育学所研究的人是完整的社会人，人的个性差异不仅反映在心理特征上，也反映在身体、德行上，并表现在各种技能方面。作为一个完整的社会人的个性，固然要体现个性心理特征，但是除此之外，一个人在其身体素质发展基础上形成的各种运动特长和一个人比较稳固的道德情感和道德意志，同样也是个性表现。此外，一个人在身心基础上所发展的各种特殊技艺，如音乐、绘画等特殊技能，从教育学来说，也应当属于一个人的个性范围。所以，教育学的个性概念应当比心理学更为广泛和丰富。尽管个性特点同心理发展密切相关，但教育学的个性概念绝不能局限于心理方面，教育学必须从人的整体来观察个性。只有这样，才有利于对完整的社会人的培养。教育学应有本学科的个性概念。教育学的个性是指个人在自然素质和心理特征基础上，由于社会影响，通过教育和人的实践活动而形成的比较稳固而持久的身体、心智、德行、技能等独特特征的总和。

这一定义包括了以下三个方面的含义。

第一，个性是以人的自然素质和心理特征为基础的。人的自然机体的素质是个性形成的物质前提，尤其是机体的功能和大脑的发育对人的个性形成更具有特别重大的意义。人的心理特征被心理学看作是个性的体现，而在教育学这里只是个性形成的心理基础。教育学所谈的个性相对于心理学的个性而言，是更高层次的个性。尽管如此，教育学所说的人的个性当然是以人的心理条件为基础的，不能离开心理基础。

第二，个性是在社会和教育的影响下形成的。人是社会的人，他的个性不是自发的，而是同社会各种因素的影响分不开的。

第三，人的个性是通过人的实践活动与社会影响交互作用而形成的。社会对人的影响是通过人的活动与社会的作用才发生的。所以，人的实践活动是人个性形成的基本途径。

个性的定义，对教育有重要意义。教育培养人的个性，既不能离开人的身心基础，也不能脱离社会条件，必须在严密组织的个人同社会交往活动中实现。

二、个性的基本特征

从个性定义中可以看出个性具有四方面基本特征：

第一，个性的总体性。

人是完整的社会个体，他的个性的各个方面是互相联系、互相制约的统一的整体。在人的个性心理结构中，个体倾向性和个性心理特征是紧密联系的，两者相互作用形成个性心理整体。如人的个性心理特征——气质、性格、能力并不是孤立的，主要受人的动机、理想、信念、世界观等个体倾向性制约。人的身心活动、道德情操以及特殊技能的掌握，是以人的心理结构为基础的。个性的发展，同样也是与人的心理倾向性和个性心理特征密切相关的。人的个性是各种方面特征的总和，不能孤立对待。

第二，个性的社会性。

人的个性是一种社会历史现象，是在社会影响下形成的。个性体现人们相互之间的交往关系。人们在社会交往中，形成动机、理想、信念和世界观。离开了社会和交往，个性便失去了存在的基础。所以，个性是历史的，具有社会性。

当然，人的个性也不是社会的消极产物，它是人在同社会积极交往、相互作用中形成的。

第三，个性的独特性。

人的个性，就是指个体人的独特特征。它体现着一个人在身心、才智、德行、技能诸方面有别于他人的特性的总和。无区别无特点也就没有个性。例如，有的人擅长运动，有的人爱好文艺，有的人善于数学计算，有的人长于语言表达，有的人热爱集体，有的自私自利，有的人孤陋寡闻，有的人多才多艺，等等。人的这些差别，就构成了个性特征。所以，个性表现了人的个别差异性。

但是，个别差异并不脱离共性，它是在共性基础上形成的。例如：每个人都有运动能力，只是有些人在某些运动方面有某种特长；人人都有观察力，但发展程度却不相同，有的人观察敏锐但粗枝大叶，有的人较迟钝却认真细致。此外各阶级成员都有不同的个性，但他们的个性又都是在各阶级共有的阶级性基础上体现出来的。所以，个性的独特性并不脱离共性，个性是独特性与共性的统一。

第四，个性的稳固性。

个性是比较稳固的持久的特征。个体身上偶然表现出来的特征不是个性特征。比如，一个人一贯谨慎持重，偶尔也可能出现轻率举动，对这个人来说谨慎持重是他的个性特征。所以，个性特征都具有稳定性、一贯性。儿童的特征并不稳定，经常变化不定。因此，儿童还没有形成个性，青少年的个性是正在发展形成过程中的。

我们说个性具有稳定性，这是相对而言的。个性有稳定性特征，但并不是一成不变的。个性的社会性已经表明，人的个性是在社会影响下形成的，因而随着社会条件的变化、人的实践活动的改变，人的个性也会相应随之发生变化。人的个性的可变性，表明教育在培养人的个性中可以大有作为，有利于树立对教育的信心。

个性的上述四方面特征是统一的，它是个性的总和表现。正是这些方面的有机联系，才统一构成b人的个性。心理学所揭示的人的个性特征为教育提供了重要依据。

三、两种不同的个性观

教育要发展人的个性，但是，对于什么是理想的个性，又怎样发展个性，人们的认识却不尽相同。教育要培养人的个性，就必须对个性有正确的认识。

对于个性，有两种截然不同的观点。

一种认为个性就是个别性，只要发展了人的某些特长和特性，就是发展了人的个性；而且认为使一个人同他人差别越大，就越成功。这是一种只要个性，不管共性，甚至为了发展个性，不惜戕害人的整体发展的个性观，是一种旧的、资产阶级的个性观。

另一种是马克思主义的个性观，即强调在人的全面发展基础上发展个性的观点。

有人认为马克思主义强调个人全面发展，就是否定人的个性，这完全是一种误解。马克思主义认为在资本主义条件下，资产者和无产者虽然都具有各自的阶级性，但是，却不能因此而否定他们个性的存在。他们指出，无产阶级的斗争正是"为了保住自己的个性"。

马克思主义关于人的发展的观点是既承认人普遍发展的可能性，又承认人发展的个别差异性。承认普遍发展的可能性是认为人们都有各种能力及其发展基础。只要社会为其发展创造条件，人的各种能力都能得到发展。同时又认为，由于每个人先天生理条件和后天社会环境的不同，人与人之间也存在种种差异，但这种差异不应该是在违背发展规律、压抑普遍发展基础上形成的。马克思主张人人都要全面发展，人人都应该平等地享有发展的权利和条件。但是，由于人与人之间有差异，所以，又不能强求一律。马克思一再强调提出，在普遍发展的前提下，个人要"尽可能多方面地""充分地""自由地"发展。"尽可能"就是承认差异性。人既有差异，那么"尽可能""充分""自由"地发展的结果就自然地要表现出各自的特性。这些各自不同的稳定的特性就是个性。马克思、恩格斯甚至认为："即使在一定的社会关系里每一个人都能成为出色的画家，但是这决不排斥每一个人也成为独创的画家的可能性。"这些都说明，个人全面发展非但不否定个性，而且恰是在充分发展个性。这种个性同以往所说的个性有着本质区别。这个区别就在于个性的发展基础。正如马克思所说，资本主义社会人的个性是片面发展的，它不仅不关心人的普遍发展，甚至是以压抑人的普遍发展为条件的。它为了发展一个人的某种特性，而不惜扼杀人的其他特性。这种个性是对人的一种戕害，这绝不是人们所理想的个性。在压制和扼杀个人其他特性基础上发展的个性，同在普遍发展人的共性基础上形成的个性，是两种截然不同的个性。前者尽管也能造就各式各样个性突出的个人，但是，这种人不是完整的人，是以人的残缺为代价的，是同社会主义要求背道而驰的。社会主义的教育要以提高全体人民的民族素质为基础，这正是对全面发展个性的根本要求。那种在学校里忽略人的普遍发展，为片面培养特长而实行偏科教育，这样发展起来的片面个性，绝不是社会主义要求的个性，相反的，是对社会主义教育方向的背离。

第四节　人的发展因素及其相互关系

一、几种不同的人的发展因素论

影响人的发展的因素是多种多样的。到底有哪些影响人发展的因素？它们的作用及其关系又是什么？这是所有教育学都非常关心的重要课题。可是，由于认识不同，对这一重大问题却存在着不同的看法。各种观点的分歧主要表现在因素数量以及因素作用的性质和关系上。下面仅就各种不同观点做一简要介绍。

（一）"二因素论"

这是西方学术界一百多年来关于人的发展因素的普遍观点。这种观点认为人的发展是由遗传和环境这两种因素相互作用而形成的。但是，在说明这两种因素的交互作用关系时，有的学者认为遗传因素起主要的决定作用（如英国学者高尔登，美国心理学家霍尔、桑代克，德国心理学家布勒等）。有的学者观点与此相反，认为对人发展起决定作用的是环境（如美国行为主义心理学家华生、斯金纳等）。

(二)"三因素论"

"三因素论"认为影响人发展的是遗传、环境和教育三种因素。这是在批判西方"二因素论"基础上发展起来的分类观点。这种观点把教育作为一种特殊环境从一般环境中分离出来,作为一种独立因素而存在。这一分类观点主要反映在凯洛夫主编的《教育学》中。这种观点认为在人的发展中,遗传是人发展的物质基础,环境是人发展的决定性因素,学校教育在人发展中具有主导作用。这种"三因素论"随着凯洛夫《教育学》在中国的传播,曾一度为我国教育理论界所普遍接受,成为一种普遍公认的观点。

(三)"多因素论"

我国教育理论界有些人对"三因素论"产生了异议,认为"三因素论"并没有完全揭示出影响人的发展的所有因素,忽视了人的主体意义。因而有的主张在三因素之外增加人的主观心理因素,成为"四因素论"。另外也有人主张再加上人的反馈调节,从而成为"五因素论"。甚至有人更进一步主张"综合因素论"。

(四)"二层次三因素论"

这种观点突破了过去那种仅从形式上增加因素数量的做法,力图从方法论上着手,突出从动态上和人的主体意义上以及从因素结构上分析影响人的发展因素及其关系。根据这一思路,人的发展因素分为可能性因素和现实性因素两个层次。在可能性因素中又分为个体自身条件和环境条件两大因素;现实因素指发展主体所进行的各种类型活动。上述各种观点,对于探讨人的发展因素及其关系都有重要意义,无论从思想方法上还是内容结构上都给人以启迪。然而各种观点也还存在着一定的不足,尚不能给人以完备的认识。新的"二因素论",虽然扩大了遗传和环境概念,然而它同旧"二因素论"一样否定了教育的独立因素意义,无疑从因素分类上降低了教育在人发展中的作用。"三因素论"把教育从环境中分离出来,作为一个独立因素看待,但在分类标准上给人以混乱之感,并且"三因素论"对人的发展因素概括得也并不全面,对于人发展有重要意义的主体能动因素以及人的活动性因素都被忽略了。"多因素论"尽管从各方面提出新的因素,弥补了"三因素论"的不足,但还缺乏从整体结构意义上以及各因素的相互作用关系上进行的系统全面分析。至于"二层次三因素论",以方法论为突破口,用科学系统的观点,对"三因素论"进行了整体结构性的改造,但是,这种分类也明显地把教育排除在影响人的发展的独立因素之外,教育在这里仅仅是作为一个"特殊活动因素"包含在"活动因素"之内。尽管在论述上肯定教育的作用,但把教育只当作一个独立因素的子系统,这同"二因素论"一样,实际上贬低了教育在人发展中的地位。由上可见,人的发展因素的划分,还是一个重要的课题。只有在结构划分中才能更清楚地看出各因素的结构地位及其相互关系。

二、人的发展因素的划分

对于人的发展因素的研究需要首先说明的一点是，研究不能局限于儿童和青少年。由于现代学校教育概念的扩大，教育学研究的领域应扩大到人的一生。除了青少年的普通教育，也应包括成年人教育以至终身教育。所以，在人的发展因素问题上也应着眼于人的一生发展，从整体上认识人的发展因素。其次，应将事物发展的普遍规律与人发展的特殊规律相结合，以主客体统一和动态观点进行人的发展因素的分析。

辩证唯物主义和历史唯物主义世界观和方法论的产生，对以往人的发展观提出了严峻的挑战，对于制约人的发展的因素，提出了许许多多的新观点。

马克思主义者虽然批判了遗传决定论、环境决定论、教育万能论等唯心主义和形而上学的观点，但并不是一概否定人的发展因素的重要作用。除此以外，马克思主义还提出了社会物质生活条件、社会关系、生产力状况、阶级地位、分工、主观能动性，以及革命实践等多种因素。

马克思、恩格斯在考察社会同人的发展关系时认为："社会关系实际上决定着一个人能够发展到什么程度。"在观察人的发展同物质生产的关系时指出："现实的，从事活动的人们，他们受着自己的生产力的一定发展以及与这种发展相适应的交往（直到它的最遥远的形式）的制约。"关于阶级地位对人发展的影响，马克思和恩格斯指出："个人的这种发展是在历史上前后相继的等级和阶级的共同的生存条件下产生的"，在考察分工对人的影响时，马克思、恩格斯又从历史事实中看到："就个人自身来考察个人，个人就是受分工支配的。"当谈到一个人的艺术成就时，他们认为"像拉斐尔这样的个人是否能顺利地发展他的天才，这就完全取决于需要，而这种需要又取决于分工以及由分工产生的人们所受教育的条件"。对于环境与实践活动对人发展的作用，马克思和恩格斯指出："环境的改变和人的活动的一致，只能被看作是并合理地理解为变革的实践。"他们又说：人们是"在革命活动中，在改造环境的同时也改变着自己"。

马克思主义创始人的上述种种观点，都是从人的发展历史事实中提出来的，是人的发展客观规律的反映。马克思主义创始人关于人的发展的这些论述，为我们研究人的发展因素提供了重要启示。但遗憾的是教育学理论长期以来并没有对此进行系统研究。近些年开始，有人对此有所重视，并且做了许多工作，取得了一定成绩，这是一种可喜的进步。

对人的发展因素的认定和分类，应首先遵循事物发展的普遍规律，根据客观规律进行分类。

辩证唯物主义的世界观认为，一切事物发展变化的根本原因在于事物的内部，而每一事物的运动都和它周围其他事物相互联系和互相影响着。在事物发展的内外因关系上，"外因是变化的条件，内因是变化的根据，外因通过内因而起作用"。这是一切事物发展的普遍规律，人的发展当然也不例外。探讨人的发展因素，也应从人的发展内外因两方面去考察。

什么是人的发展的内因？人的发展的内因是指个体身心内部的发展因素。我们研究人的发展，是以正常的健康人为依据的。因疾病或偶然原因造成的不正常状况不包括在内，那些应是卫生学和医学等的研究范围。

直接影响人发展的内因有两种：一是人的遗传素质，二是人的主观能动性。遗传素质是生物性因素，主观能动性属心理范畴。人的生物性因素和心理性因素可以分为多种。但是，对于人的发展来说，人的遗传素质和主观能动性是最根本的因素。二者都包含在个体内部，所以都属于人的发展的内部因素。

什么是人的发展的外因？人的发展的外因是指个体外部的一切客观条件。这里既包括自然条件，也包括社会条件。就其对人发展的影响来说，当然主要是社会条件。而在社会条件中又包含着社会关系、生产力状况、阶级地位以及人际关系等政治、经济、文化、意识条件。对于这些我们用传统的观点可统称为环境。

人的发展的内因与外因不是孤立的，而是统一的。特别是人的主观能动作用必须体现于客观活动才能发挥作用。因此，还应有内外因、主客观相统一的因素，这就是实践活动和教育。

"做或行动是主观见之于客观的东西。"实践活动是人的内在需要、动机、理想、愿望的实际体现。人通过自己的具体实际行动来反映自己的主体愿望，这就是实践。所以，实践活动既不单纯是人的内部因素，也不纯粹是人的外部因素，它是内外因素的统一，是主客观的结合。

教育同样是主客观的统一体。它虽然也反映个体的意愿，但更主要的是反映社会、群体的需要和愿望。所以，教育也同样是内外因和主客观的统一，但它又不完全等同于实践。人的实践主要是认识世界和改造世界的活动，而教育则是培养人和改造人的活动。同时，教育也不等同于环境。环境纯粹是人发展的外部因素，教育则包含有主观因素；环境是在自发的影响人，而教育则是自觉地影响人。所以，把教育划归于环境，或者划归于实践活动，都是不恰当的。

这样，对于影响人发展的因素便从同一层面上进行了总体划分。从人的发展的内部因素、外部因素和内外统一因素三个方面，划分出遗传素质、主观能动性、环境、实践活动和教育五个因素。这三方面、五因素的交互作用，制约了人的发展。

三、影响人发展的诸因素及其作用

从对影响人发展因素的划分中可以看到，影响人发展的因素很多，但归纳起来不外是遗传素质、主观能动性、社会环境、实践活动和教育五个方面。这些因素对人发展的作用都不是孤立的，而是在整体统一、交互作用中影响人的发展的。为了加深对各因素及其作用的认识，下面分别予以研究。

（一）遗传素质在人的发展中的作用

遗传素质是人的先天的解剖生理特征，主要表现在人的机体构造、形态、感觉器官以及神经系统的特性等方面。人的这些生物特性是通过遗传而获得的，故称遗传素质。

一个人生下来就具有作为人的类特性。例如人的身体形态和构造，眼睛、头发、皮肤的颜色，各种感觉器官的功能特性，尤其是高级神经活动系统的特点等，都是与生俱来的。这些生理特征制约着人的种族以及个体差别。

人的这些生物特性，都是通过遗传基因传递下来的。根据生物遗传学研究，在生物的细胞内存在着具有自身繁殖能力的遗传单位，这就是基因。现代分子遗传学研究表明，这些携带遗传信息的基因，是由脱氧核糖核酸（DNA）构成的。它在细胞核的染色体上有序地排列着。生物由祖先获得的各种特性，就是以基因为载体而遗传给下一代。

人是有生命的。人的肉体的存在，决定了人首先必然反映生物规律。正如马克思所指出的："因此第一个需要确定的具体事实就是这些个人的肉体组织，以及受肉体组织制约的他们与自然界的关系。"因为人首先是"自然存在物"，而且是"有生命的自然存在物"，所以，马克思认为必须首先承认人的自然规律。这就是在人的身上必然表现为："一方面具有自然力、生命力，是能动的自然存在物；这些力量作为天赋和才能、作为欲望存在于人身上；另一方面，人作为自然的、肉体的、感性的、对象性的存在物，和动植物一样，是受动的、受制约的和受限制的存在物。"这说明人的发展同样受遗传规律所制约。

遗传素质对人的发展具有什么样的作用？

首先，遗传素质是人发展的物质基础和前提条件。

人的存在必须以身体这一自然物质形态和结构为前提。人的发展也必须以人的机体器官和大脑神经系统的生理机能和特性为基础，否则就根本谈不上人的存在和发展。如果人生来眼睛没有视力，就不可能成为画家；生来耳朵没有听力，也很难成为音乐家；没有大脑生理机能，也就不会存在人的言语和思维等心理功能。如此等等足以表明，人的遗传素质是人赖以发展的物质基础和前提，它为人的发展提供了可能性。

遗传素质为人的发展提供的潜力是巨大的，且至今未能被人彻底认识。仅以大脑神经系统为例，据说人的大脑神经细胞（神经元）有140亿~150亿个，而实际被人利用起来的只有10%左右。这说明人的大脑机能尚有巨大的潜力，等待着人们去开发。

其次，遗传素质的成熟程度，制约着人的身心发展过程与阶段。

人的遗传素质不是静态的，也有它的发展成熟过程。人的身心发展的阶段性，正是人遗传素质发展成熟的表现。人的遗传素质的成熟为学习和教育提供条件。超越人遗传素质发展程度的学习和教育是不容易获得成功的。

人的身体器官的结构和机能是随年龄而发展的。教育和训练虽然可以开发人的潜能，但必须适应遗传素质的发展程度。人的一些活动能力，是随着遗传素质的成熟而表现出来的。婴儿3个月会翻身，6个月会坐，周岁左右才会直立行走，这些都和素质成熟程度有关。例如格塞尔所做的单卵孪生儿的比较试验，就说明了素质成熟程度同教育的关系。

最后，遗传素质的差异性，在一定程度上影响着人的个性特点的发展。

事实证明，人的遗传素质具有一定的差异性。人的身高、肤色、面貌等机体构造特点，是遗传素质差异性的表现。人的感觉器官和大脑高级神经活动系统机能方面也有遗传素质的差别，如儿童的视觉、听觉的灵敏度存在个体差异。在儿童心理过程方面，如记忆、注意、思维某些方面的差别，也同遗传素质有一定关系。特别是在高级神经活动类型及其活动过程的强度、灵活性及兴奋与抑制的平衡性等方面也存在着个体差别。有的孩子生来好动，有的生来安静；有的儿童智力水平发展较快，有的儿童智力发展较为迟缓。这些在一定程度上也同遗传素质及其成熟水平有关。儿童的这些差别固然只是反映发育成熟的早晚，经过教育可以改变，但差异毕竟存在，在一定程度上影响着人的发展，制约着教育的进展。

总之，遗传素质对人的发展有着重要作用，是人的发展的内因和根据之一，对于遗传素质的作用不能否定。

但是，遗传素质只是提供了人的发展的物质基础和可能性以及人的发展的内因和根据。对于遗传素质的作用不能否定，但也不能夸大。那种认为人的发展完全由遗传决定，甚至认为人的智力，乃至道德善恶都是在胚胎中形成的"遗传决定论"和"预成论"观点都是不正确的。

其实，遗传素质仅仅是人的发展的物质基础和前提条件，它只是为人的发展提供可能性，并不最终决定人的发展。遗传素质所提供的发展可能性，只有通过一定的社会环境和教育影响才能得到实现。

事实证明，人的遗传素质虽然有差别，但正常人之间的差别并不是太大。亚当·斯密曾断定："个人之间天赋才能的差异，实际上远没有我们所设想的那么大；这些十分不同的、看来是使从事各种职业的成年人彼此有所区别的才赋，与其说是分工的原因，不如说是分工的结果。"马克思对斯密的这一观点也充分肯定，并进一步补充说："搬运夫和哲学家之间的差别要比家犬和猎犬之间的差别小得多，他们之间的鸿沟是分工掘成的。"由上可知，各种"遗传素质决定论"和"种族血统论"都是错误的，它们都否认了社会环境、实践活动以及教育的重要作用。

（二）主观能动性在人的发展中的作用

主观能动性是指人的主观意识对客观世界的反映和能动作用。它是人的主观意识方面的特性，故称主观能动性。同时这种能动性能把人自己同周围世界区别开来，是一种自觉的意识，因而也叫自觉能动性。

主观能动性是人类所特有的意识特性，它不同于动物的本能，人的活动是人能意识到的自觉的活动。人的主观能动性从意识方面来说，体现为人的需要、动机、目的等主观积极性；从它的外部表现来看，则表现为作用于客观事物的自觉活动。

我们在谈到人的发展动力时曾指出，人的发展动力来自于人的内部矛盾，即社会对人发展提出的新要求同人已有发展水平之间的矛盾所产生的需要。其实，需要还只是人的发展的动力源泉，动力的实际发挥还要把需要转化为动机和目的。当需要被主体意识到并激起人的活动意向时，其便转化成为动机。恩格斯指出："就单个人来说，他的行动的一切动力，都一定要通过他的头脑，一定要转变为他的意志的动机，才能使他行动起来。"动机又是和目的联系在一起的。由动机所引起的行动的预期结果便是目的，目的制约着人的行动。人的需要、动机、目的等意向性总和便构成为人的主观能动性。例如，社会主义现代化建设要求人们掌握现代科学技术，而实际上人们并不具备这方面的知识和技能，于是这一矛盾便激发了人们的学习需要，并由需要引起学习的动机和目的。这种自觉的学习动机和目的便构成人的主观能动性，即学习的具体动力。所以，人的发展的内因不只是人的遗传素质。在遗传素质基础上，从一定意义上说，更为重要的内部因素则应是人的主观能动性。主观能动性的强弱直接关系到学习的毅力和效益。

由上可知，主观能动性是推动人发展的直接动力。人的遗传素质同主观能动性，共同构成为人的发展的内部因素。以前的教育理论在人的发展因素中仅重视遗传素质这一生物因素，而忽略了人的主观能动性这一动力因素，显然具有局限性和片面性。当然，人的主观能动性并不是自发产生的，而是来源于社会要求和教育条件。人的主观能动性必须符合客观规律。马克思在《关于费尔巴哈的提纲》中既批判了机械唯物主义忽略人的主观能动性，把人的活动只当作消极被动的直观的反映，"不是从主体方面去理解"，同时也批判了唯心主义脱离客观实际，纯主观地抽象夸大人的主观能动性，片面强调人的"自我意识"。在教育实际中，这两种倾向在一定程度上依然存在。有些教育工作者在教育过程中不顾学生的特点，视学生为消极的容器，生填硬灌，注入式地教学，这就是忽视了学生的主观能动性的表现。另外，西方的一种人本主义教育思潮，脱离社会条件，片面倡导学生个人"自我设计""自我发展""自我实现"，其实这正是无条件地过分夸大人的主观能动性的唯心主义的表现。这两种倾向犯有一个共同错误，就是都没有能够正确认识和对待主观能动性在人的发展中的地位和作用。

(三) 社会环境在人的发展中的作用

环境是指人生活于其中，围绕在人的周围并影响人的发展的一切外部世界，它是人生存和发展的重要条件。

环境这一总体概念中包括自然环境和社会环境两大部分。自然环境又可分为天然的自然和经过人工改造过的自然。这两种自然对人的发展都有一定影响作用。但是，人是社会的人，"在其现实性上，它是一切社会关系的总和"。所以，对人的发展有决定性意义的还是社会环境。

社会环境是复杂的，是由多种多样要素构成的，但概括起来不外乎是生产力状况和社会关系两大方面。这两个方面是影响人发展的重要因素。

人生来就遇到现成的生产力。生产力为人的发展提供物质条件，生产力的水平和性质直接影响着人的发展。马克思和恩格斯在考察人的发展历史时曾指出："个人是什么样的，这取决于他们进行生产的物质条件。"他们又说："从事活动的人们，他们受着自己的生产力的一定发展以及与这种发展相适应的交往（直到它的最遥远的形式）的制约。"古代和现代的生产力状况不同，人们的发展也就不同，这是历史的事实。

社会关系又包括物质关系和思想关系两个方面。人们的物质关系主要是所有制关系、阶级地位以及分工状况等，这些条件是影响人发展的决定性因素。思想关系则体现为政治、法律、宗教、道德、文学、艺术等意识形态关系。思想关系同物质关系一起，影响着人的发展。人是社会的人，人的发展永远不能离开社会环境。人"只有在社会中并通过社会来获得他们自己的发展"，"这些社会关系实际上决定着一个人能够发展到什么程度"。

社会关系中的阶级地位在阶级社会里是确定的。"各个人可以看到自己的生活条件是早已确定了的：阶级决定他们的生活状况，同时也决定他们的个人命运，使他们受它支配"，"个人的这种发展是在历史上前后相继的等级和阶级的共同的生存条件下产生的"。

至于个人的发展受分工制约，更是明显的。马克思和恩格斯考察了人类社会的发展历史，他们指出："就个人自身来考察个人，个人就是受分工支配的"。关于人的天赋才能的差异，也正如古典经济学家亚当·斯密所指出的那样，它们不仅不是分工的原因，相反的是分工的结果，即由分工造成的。

这一切都说明，人的发展取决于社会关系。正如马克思所指出的："不管个人在主观上怎样超脱各种关系，他在社会意义上总是这些关系的产物。"事实证明，人如果脱离了社会环境，不仅不能正常发展，就连作为人的发展的起码基础也都会遭到破坏。

社会环境制约着人的发展，但是人也不单纯是环境的消极产物。上述所列举的事例，都是由不正常的环境造成的。人在正常环境下生长是具有主观能动性的。人是在改造环境的同时改造着自己的。历史上也有一种"环境决定论"。他们否定人的主观能动作用和革命实践的意义，把人完全看作是环境的消极产物。

（四）实践活动在人的发展中的作用

实践活动是主体作用于客体的过程，即主观见之于客观的活动。它是人同外部世界进行物质和精神交换的活动，是人的内部因素与外部因素的结合与统一，是人的主观能动性的体现。

人的实践活动多种多样，就其活动形式可分为游戏活动、学习活动和社会实践活动。人的实践活动的主体是社会实践活动。社会实践活动最基本的形式是生产活动。在生产活动基础上又有社会交往活动和科学实验活动。社会交往活动在阶级社会里主要是阶级斗争实践。物质生产实践活动、阶级斗争实践活动和科学实验活动是人们认识世界和改造世界的实际活动，所以，马克思主义把这些实践活动称为革命实践活动。

实践活动从总体上看是人的发展的基本途径，人是在实践活动中并通过实践活动来发展自己的。

游戏活动是儿童的实践活动。儿童在游戏活动中模仿成年人的实践活动，学习从事社会实践活动的规则和习惯，发展自己的身体、智力和品德。游戏是儿童的一种基本的实践活动，对儿童的身心发展具有十分重要的意义。所以，在幼儿教育中，应特别重视儿童游戏活动的教育作用。

学习活动是贯穿于人一生的一种实践活动，人为了从事生产和社会交往，为了生存就需要学习，学习从事社会实践的新知识、新经验、新科学、新技术。学习对于青少年来说是他们的基本实践活动。他们通过学习来提高自己认识世界和改造世界的能力，来发展自己。

对人发展更具有现实意义的是社会实践活动，即人直接从事物质生产、社会交往和科学实验的活动。因为这些实践活动是人直接同自然和社会相交换的过程。自然环境和社会环境对人的影响，都需要通过人与环境的直接接触才得以发生。人是在改造环境的同时改变着自己。正如马克思所指出的："环境的改变和人的活动或自我改变的一致，只能被看作是并合理地理解为革命的实践。"社会实践正是环境同人交互作用的桥梁和纽带。历史事实证明，无论是从人类的发展史来看，还是从人类个体的成长史来看，人的发展都离不开人改造自然和改造社会的实践活动。马克思在考察人类发展史时指出："劳动首先是人和自然之间的过程，是人以自身的活动来引起、调整和控制人和自然之间的物质变换的过程。人自身作为一种自然力与自然物质相对立。为了在对自身生活有用的形式上占有自然物质，人就使他身上的自然力——臂和腿、头和手运动起来。当他通过这种运动作用于他身外的自然并改变自然时，也就同时改变了他自身的自然。他使自身的自然中沉睡着的潜力发挥出来，并使这种力的活动受他自己控制。"恩格斯也说："人的思维的最本质和最切近的基础，正是人所引起的自然界的变化，而不仅仅是自然界本身；人在怎样的程度上学会改变自然界，人的智力就在怎样的程度上发展起来。"

社会实践不仅促进人的身体和智力的发展，也影响人的思想。马克思和恩格斯认为："无论为了使这种共产主义意识普遍地产生还是为了达到目的本身，都必须使人们普遍地发生变化，这种变化只有在实际运动中，在革命中才有可能实现。"可见，革命实践活动不仅是改造客观世界，也是改造主观世界的基本途径，即人赖以存在和发展的基本途径。

正是由于革命实践对社会和对人的发展如此重要，马克思主义公开申明："生活、实践的观点，应该是认识论的首要的和基本的观点。"这一观点也是马克思主义教育观的一个重要观点。马克思主义一贯强调教育与生产劳动相结合，教育要同社会相联系，正是这一基本观点的体现。我们在教育过程中必须重视社会实践对人发展的作用，充分利用社会实践活动，以促进教育对象的身心发展。

（五）教育在人的发展中的作用

教育是有目的有意识地培养人的活动，是影响人发展的有效手段。

教育同实践活动一样，也是人的内部因素与外部因素的统一，是主观见之于客观的活动，但是它又不同于实践活动。实践活动的主体是人，客体是自然与社会。教育的主体与客体都是人，教育者与受教育者都有各自的主观能动性。教育活动既有教育者的主观意志作用，同时也有受教育者的主观意志参与。社会实践活动主要发挥个体人的主观能动作用，而在教育活动中不只有个人的主观能动性，更重要的是社会意志，教育是社会意志的体现。不仅是制度化的教育，非制度化的教育如家庭教育，在实质上也体现着社会的要求。由此可见，教育是一种复杂的活动，不能简单地把教育归之于一般的实践活动。

教育也不同于环境，有人把教育看作是"特殊环境"，这也不够确切。环境是存在于主体之外的自然和社会生活条件，环境是人们活动的结果，环境在被人们创造出来之后便客观存在的。教育自始至终都是作为活动和过程而存在。教育者和受教育者活动终止，便无所谓教育的存在。环境对人有影响作用，但影响人并不是环境的直接目的。而教育则是专门为了对人施加影响而存在的，培养人是教育的专门职能。所以，教育也不能与环境混同。只有把教育同一般实践活动和环境因素区别开来，才能充分了解教育的特点，真正认识和发挥教育对人发展的特定作用。

教育对人的发展的重要性，在历史上早已为许多思想家和教育家所认识。我国古代孔子就肯定人的发展是"性相近也，习相远也"，充分肯定了教育的作用。荀子也指出："干越夷貉之子，生而同声，长而异俗，教使之然也。"汉代唯物主义者王充也肯定人的发展要靠教育,"凡含血气者,教之所以异化"。夸美纽斯写道:"只有受过恰当教育之后,人才能成为一个人。"法国的启蒙思想家卢梭也说:"植物的形成由于栽培,人的形成由于教育。"德国古典哲学家康德认为:"人只有靠教育才能成人,人完全是教育的结果。"

总之,上述一切观点说明,人的发展离不开教育,教育是培养人的有效手段。

教育对人的发展之所以具有如此重要的意义,其原因就在于教育在人的发展中起着主导作用。影响人的发展因素是多方面的,但在这些因素中,教育是起主导作用的因素。教育之所以在人的发展中能起主导作用,是和教育的特点分不开的。

第一,教育是有明确目的的活动,它对人的发展方向起着制约作用。

教育是有目的有意识地培养人的活动,它是遵照一定的社会要求,按照既定目的对人施加影响的过程。社会环境和社会实践也都在影响人的发展。但是,它们的直接目的是改造自然,改造社会,并不以影响人的发展为主要目的。教育则是以专门影响人的发展为目的的。同时社会环境、实践活动对人的影响性质是错综复杂的,既有积极影响也有消极影响,既有正面作用也有负面作用。各种因素都从不同角度和不同方向上影响人,而教育则是按照一定目的培养人的,所以它对社会环境和实践活动的影响起着筛选、过滤和调控作用。教育可以根据一定的目的和要求,选择影响条件,排除和控制各种不良因素,从而达到影响性质和方向的一致性,以保证教育目的的顺利实现。

第二,教育是有计划地全面系统地影响人的过程,可以大大提高对人影响的效益。

教育(特别是学校教育)对人发展的影响是有计划地系统地进行的。它按照一定要求有计划地选择教育内容,有效地组织教育活动。教育对人的影响又是全面的,既影响受教育者的精神,又影响人的身体;既传授知识,又影响人的思想品德。教育的影响又是系统地按照人的身心发展规律进行的。环境和实践活动对人的影响在一定程度上都带有自发性和偶然性,对人的影响也都缺乏连续性和系统性。所以,环境和实践活动对人的影响、作用远不及教育有效。

第三,教育有特定的教育者负责组织教育活动,可以使人少走甚至不走弯路。

教育是教育者和受教育者的双边活动。任何教育(自我教育是学习,另当别论)都必然有教育者存在,学校教育更有受过专门训练的教育者(教师)组织实施。这些教育者都具有丰富的社会实践经验。教师更具有必备的文化科学知识,又经过专业训练,既有明确的教育目的,又懂得人的发展规律,并掌握有效的教育方法和手段。有这样的教育者指导、训练,受教育者可以避免走弯路,有效地接受教育影响。而人在环境和实践活动中接受影响,主要依靠个人摸索,往往要经过反复失败,才能自发地获得知识和经验。

由上可知,在影响人的发展诸因素中,教育起主导作用,是促进人的发展的有效手段。

四、影响人的发展诸因素的相互关系

前面分别研究了影响人的形成与发展的诸种因素及其作用。这些因素有的是先天遗传，有的是后天环境，有的是人的主观能动性，有的是人的实践活动，还有的是教育。事实证明，这诸多因素在人的发展中是统一起作用的，既不可混同，也不可相互替代，它们都是人发展过程中不可缺少的因素。遗传素质是人发展的物质基础，主观能动性是人发展的内在动力，社会环境是人发展的决定性条件，实践活动是人发展的基本途径，教育是人发展的有效手段。这些因素共同作用，才能使人顺利发展。但是，正如我们在前面所谈到的，在这些因素中起主导作用的是教育。

这些影响人发展的因素都是互为条件、互相制约的。遗传素质的发展与社会环境密切相关。人的物质生活条件和社会关系的性质，既可决定人的发展方向，也可制约人的发展程度。社会环境对人的影响，又要通过实践活动起作用。毛泽东曾指出："无论何人要认识什么事物，除了同那个事物接触，即生活于（实践于）那个事物的环境中，是没有法子解决的。"这就是说，人只有通过实践活动才能获得发展。实践活动又是"主观见之于客观的东西"，是内外因的统一，是主观能动性的具体体现。教育是以人的遗传素质为前提的，但教育又能根据人的遗传素质特点和遗传规律施加影响。教育受人的主观能动性制约，然而人的主观能动性又要靠教育来培养和调动。社会关系决定教育，可是社会关系对人的影响又要通过教育来实现。实践活动是培养人的重要途径，教育要同革命实践相结合。实践活动对人的影响作用，又需要教育来有效地予以组织。可见，教育在影响人的各项因素中起着主导作用。

唯物史观明确指出人的本质是一切社会关系的总和，教育本身也是由社会关系决定的，那么怎么能说教育在人的发展中起主导作用呢？马克思主义一再强调革命实践对人发展的决定性意义，指出"实践的观点是辩证唯物论的认识论之第一的和基本的观点"。如此又为什么肯定教育的主导地位？其实这些认识都是对马克思主义基本理论的误解。

马克思主义提出社会关系决定教育的原理，这是在人类思想史上对科学教育观的重大贡献。这一原理不仅不否定教育的主导作用，相反的，正是表明教育对人发展的主导意义。教育对人的影响，无论在性质上或方向上，都不取决于教育自身，而是取决于社会关系。教育是社会关系借以影响人的手段。由此可知，教育对人发展的主导作用从根本上说不是来自教育，而正是社会关系对人的要求和作用的体现。所以，社会关系对人的影响和教育的主导作用是一致的，并不对立。过去教育学中把社会环境分成"广义的"和"狭义的"，或者分为"大环境"和"小环境"，这些观点都把教育的主导作用局限于狭义的小环境，不敢涉及全部的社会关系。这些都是由于对教育同社会关系作用的一致性缺乏明确认识。事实上，正是这一理论的不彻底性，为社会关系代替教育的观点留下了余地。既然不敢肯定教育同整个社会关系即"大环境"相比仍然是起主导作用的因素，因而便可以用社会关系取代教育，教育便可以消亡，这是历史上的严重教训。

关于教育同实践活动的关系的认识也是如此。马克思主义强调革命实践对人发展的重大作用，要求教育同革命实践相结合，这同样不与教育起主导作用的观点相对立。革命实践是指人能动改造自然和社会的实际活动，是主体与客体的"交错点"。教育培养人不能脱离革命实践，革命实践也同样离不开教育。

实践活动的基本要素包括目的、手段和结果等方面。任何实践活动都首先有目的，然后才有实际行动。人的实践目的不同，实践结果也就不完全一样。经常有这种情况，人们虽然参加同一个实践活动，可是收获却大不相同，其原因大多是由于实践活动的目的以及对实践活动意义的认识不同。如何才能端正实践活动的目的，提高对实践意义的认识？需要教育。教育是端正实践目的，提高对实践意义认识的必要手段。

实践活动的结果又往往取决于实践手段。要想达到理想的实践结果，就必须有相应的实践手段。手段合乎客观规律，才能保证实践活动的有效性。实践手段的有效性，又同人们对客观事物发展规律的认识和对科学技术的掌握有直接关系。人们掌握知识、认识规律、发展能力、提高技术，主要通过教育。所以，实践活动要提高效益也离不开教育。离开教育，实践活动也就难以达到既定的目的和理想的活动结果。可见，教育在实践活动过程中也同样起着主导作用。革命实践和教育对人的影响作用，同样是相互制约、相互统一的，不可对立起来。以往在教育实践中，也曾发生过企图以革命实践代替教育的倾向，就是由于没有正确理解革命实践和教育在人的发展中的作用。这一历史教训同样值得汲取。

总之，对人的发展因素，必须全面、辩证和统一地认识，这样才能更好地发挥诸因素对人发展的影响作用。在这些影响人发展的诸因素中，又必须正确认识教育作用的主导性。

第四章 素质教育背景下劳动教育的认识

第一节 劳动的基本理论

一、劳动的概念、内涵与外延

（一）劳动的概念

劳动，是人们改变劳动对象使之适合自己需要的有目的的活动，即劳动力的支出。劳动是人类社会生存和发展的基础。它主要是指人们在生产物质资料过程中的一种付出劳动力，并能够对外输出劳动量或劳动价值的人类活动。劳动是人们在社会生活中维持自我生存和发展的唯一手段。按照传统的劳动分类理论，劳动可分为脑力劳动和体力劳动两大类。

劳动是人类活动的一种特殊形式。在商品生产体系中，劳动是劳动力的支出和使用。马克思给劳动下了这样的定义："劳动力的使用就是劳动本身。劳动力的买者消费劳动力，就是叫劳动力的卖者劳动"。

劳动是发生在人与自然界之间的活动。其实质是通过人的有意识的、有一定目的的自身活动来调整、控制自然界，使之发生物质变换，即改变自然物的形态或性质，为人类的生产生活和自己的需要服务。

劳动创造人类，劳动创造世界，劳动创造未来。

（二）劳动的内涵和外延

关于劳动的内涵，我国宪法明文规定"公民有劳动的权利和义务"。这就要求每一个有劳动能力的人，都要把劳动看成是自己的光荣职责，必须以国家主人翁的态度对待劳动。

劳动的外延是人类实践活动的一种特殊形式，多指创造物质财富和精神财富的活动。在《中国大百科全书》（哲学卷）中，劳动被定义为"是人类特有的基本的社会实践活动，也是人类通过有目的的活动改造自然对象并在这一活动中改造人自身的过程在经济学中，劳动则是指劳动力（含体力和脑力）的支出和使用。

本书所述劳动为基础劳动教育实践，是以促进学生形成劳动价值观（即树立正确的劳动观念、积极的劳动态度、热爱劳动和劳动人民等）和养成劳动素养（有一定劳动知识与技能、形成良好的劳动习惯等）为目的的教育实践活动。劳动还与"劳动技术教育""通用技术教育"等概念相关。不过，"劳动技术教育"强调的是技术的学习，与职业定向存在更密切的关联；"通用技术教育"则是开展基础技术教育的课程形式，"通用技术"是其教育重点。换言之，劳动教育是面向所有教育对象的普通教育，而"劳动技术教育""通用技术教育"两个概念中虽也有"劳动"的要素，但较多指向具体技术或者通用技术的学习实践等，强调重点有显著差异。

我们所说的基础劳动，是人们在学习、生活、工作过程中，为创造一个良好的、舒心的环境，而进行的必要的且是最基本的劳动。比如：室内外环境卫生的清扫与维护，把各种物品科学合理地摆放整齐，一般绿化、植被的修剪与整理等等，都是最简单、最基本、最基础的劳动，也是我们学会做人做事最根本的需要。

二、基础劳动教育课与勤工助学、义务劳动的异同

我们根据新时代党的教育方针，即"培养德智体美劳全面发展的社会主义建设者和接班人"的要求，在大学一年级开设基础劳动教育课，列入专业人才培养方案，作为公共德育必修课程，这是新时代对人才培养的创新与要求。

勤工助学，一般指家庭经济贫困的学生利用课余时间参加的劳动，通过工作赚取报酬来帮助完成学业。也有学生并不是为了报酬，而是想提前进入社会和企业单位，多积累一些工作经验，使自己毕业后能够顺利就业。勤工助学一般以个人自发行为为主，但也有部分勤工助学是学校有组织的行为。

勤工助学和基础劳动教育课虽然都是劳动力付出，而且都是学生在校期间的劳动，都以树立正确的劳动价值观，更好地锻炼自己为目的的劳动。但勤工助学主要是利用课余时间参加劳动活动，以获取一定的报酬或社会工作经验为目的的劳动活动。劳动教育课是指学校有组织的课程教学与实践行为，按照专业人才培养方案，规范课程教育教学和实践，建立和记录学生个人课程成绩档案，进行教学实践检查和教学质量评估要求，并且通过教育教学和实践环节来培养学生讲卫生、爱劳动、创文明的品德和吃苦耐劳的精神。

义务劳动是指不计定额，不要报酬，出于自己的自由意志而进行的各种社会服务类型的劳动活动。义务劳动更是一种无私的、道德品质好、思想境界高的劳动活动，是值得倡导的社会主义奉献精神的劳动。通过参加义务劳动活动，能起到促进人的思想洗礼，净化人的心灵的作用。

总之，基础劳动教育课是人才培养要求的课程，是学校和学生必须完成的教学任

务。勤工助学是一种目的比较明确的压力型劳动。义务劳动是自愿奉献的社会服务劳动。

三、未来劳动发展趋势

未来是信息社会，很多工作需要处理复杂的工作情境，需要人们具备较高的综合素质和能力。不论劳动课程设计，还是实施劳动教育的过程，都要充分考虑社会发展现状和未来社会对人才的需求趋势，将信息社会、信息技术等代表未来发展方向的劳动技能融入劳动教育中。美国经济学家弗兰克·利维着眼于人工智能不断发展的现实，指出计算机和人类各具比较优势，几乎所有按照既定程序操作的工作，计算机都可以完成，这些工作正在越来越多地由以计算机为代表的人工智能代替人类，留给人类可以完成的是那些需要用复杂的认知去判断、执行的工作，这些工作没有既定的规则可以遵循，需要人类通过密切交流，依据既定情境判断，从而创造性地解决。

如今，人工智能正在逐步取代人类的劳动力，世界人口总数在未来几十年还是会不断增加，但需要人类的工作岗位却越来越少了。随着科技的发展，简单的劳动必将被人工智能所替代。

第二节 高校劳动教育课组织机构及工作职责

一、学校组织机构及工作职责

学生基础劳动教育课既是一门思想品德教育和文明校园创建课程，又是一门改变师生行为习惯、学会做人做事的实践课程。要教育实践好这门课程，一定要有较强的策划力、组织力、执行力，才能达成劳动教育课的效果。否则，这个课就是一盘散沙，成为一门自由"放羊"式、没有任何教育效果的课程。

为了有序和规范地实施劳动教育课，学校一般应成立"劳动教育课教学委员会"和教研室等机构，主要负责劳动教育课程的策划、指导、组织、实施、检查和管理等教学教务工作。

（一）劳动教育课教学委员会及工作职责

学校劳动教育课教学委员会设组长一名，一般由学校负责思想政治工作的党委书记担任；设副组长2名，一般由分管学校教学工作和分管学生工作的副校长担任；设成员若干名，一般由教务处、学生工作处、后勤处、督察室和各二级学院的主要负责人参加。

学校劳动教育课教学委员会主要职责：

第一，加强劳动教育课的思想政治工作，进一步明确实施劳动教育课的目的，端正劳动态度，教育广大学生积极参加劳动。

第二，结合学校的实际，建立和完善劳动教育课各项规章制度。

第三，负责研讨劳动教育课有关教育教学的重要政策规定。

第四，及时解决劳动教育课学生反映的重要问题，督促劳动教育课取得最佳效果。

第五，努力探索、改革高校劳动教育课实施和管理模式，不断丰富劳动课内容，创新教育教学形式。

（二）劳动教育课教研室及工作职责

高校开设劳动教育课，是一门新增加的思想教育必修课，按照教学要求，应成立课程教研室，主要负责全校各专业劳动教育课程教学计划、组织实施、教研活动和日常管理等工作。

劳动教育课教研室接受教学委员会的直接领导，接受教务处的业务指导和督察管理工作。教研室应设主任一名，一般由学生工作部（处）长担任；成员若干名，一般由各二级学院分管学生工作的副院长和学生教育科长或副科长参加，各学院具体组织实施劳动教育课的辅导员、班主任等参加。

劳动教育课教研室的主要职责如下：

第一，负责起草劳动课的教学计划、组织实施、检查考评、成绩录入、学分管理和奖惩等规章制度。

第二，加强劳动课的普遍教育，明确劳动目的，端正劳动态度，充分调动广大学生参加劳动的积极性。尤其要做好少数学生耐心细致的思想教育工作。

第三，具体负责劳动教育课的计划组织、理论教学、技能培训、实践指导、考勤管理、检查督促、讲评反馈、问题整改和资料整理等工作。

第四，认真了解和掌握劳动教育课实施过程中反映出来的问题，做好家校联系沟通，及时解决问题。

第五，按照教务处的安排，结合劳动教育课存在的问题，开展教育教学经验交流、集体备课和研讨活动。

第六，不断探索创新学生劳动教育课方法和形式，丰富劳动课程内容等。

二、行政相关部门工作职责

劳动教育课作为一门思想政治教育必修课，按照教学规定和组织实施劳动教育课的实际，以下部门具有分工负责的工作职责。

（一）教务部门工作职责

第一，负责指导协调各学院按照新时代党的教育方针，即："培养德、智、体、美、劳全面发展的社会主义劳动者和接班人"培养目标，修订各专业人才培养方案，审核批准专业人才培养方案。

第二，负责指导劳动教育课教研室，根据学校教学规定和劳动课的计划安排，组织劳动教育课程日常教学管理工作，规范课程教学流程、检查督促教学与实践效果，及时整改存在的问题。

第三，负责每学期期初、期中、期末三次大检查，不断规范课程体系制度，完善课程教学存档资料，提高课程教育教学质量，努力使劳动课教育教学更加制度化、规范化。

第四，负责劳动教育课学生个人课程成绩、学分管理，指导课程补考、重修等工作。

第五，负责指导劳动教育课教研室做好劳动教育课程的教学改革，不断探索创新劳动教育课的教学和实践内容、形式和方法。

（二）学工部门工作职责

1. 领导劳动教育课教研室

根据教务部门有关课程教学规定和劳动教育课的实际，不断制订和完善符合劳动教育课实际的课程体系，科学制订学年度劳动教育课教学实践计划安排，并指导实施，健全劳动教育课规章制度，使劳动教育课更加制度化、规范化。

2. 加强劳动教育课宣传教育

加强对广大学生劳动教育课的宣传教育工作，组织实施新时代党的教育方针的教育，充分认识高校开设劳动教育课的重要性和必要性，明确课程建设目的，端正劳动态度，努力营造劳动教育课的教育宣传氛围。

3. 协调院（系）课程安排、具体实施

负责指导协调院（系）做好劳动教育课的组织实施、检查督促、问题整改等工作，主动协调各职能部门劳动教育课教育教学，特别是实践课有关工作，及时协助解决劳动教育课的有关问题。

4. 指导院（系）和辅导员工作

及时了解掌握学生对劳动教育课的思想反馈，树立和宣传吃苦耐劳表现突出的典型，耐心细致地做好个别学生的思想政治教育工作，广泛调动大家参与劳动教育课的积极性、主动性。

5. 指导资料归档工作

指导劳动教育课教研室按照课程建设的要求，收集、整理、归档，规范地做好劳动教育课的存档资料。做好每学年教育教学工作总结，开展好各项教研活动。

6. 组织做好课程的探索与创新

在开展组织实施劳动教育课过程中，应及时收集劳动教育课程教学过程中的新情况，出现的新问题，及时组织分析研讨对策，不断探索新时代学生基础劳动教育课新形式、丰富新内容、取得新效果。

（三）后勤部门工作职责

1. 提出符合实际的劳动标准

后勤部门作为文明校园创建的重要职能部门，应根据校园文明卫生、环境绿化等要求和广大学生的实际，提出校园基础劳动的有关标准。如教室、实训实验室、大厅、走廊、厕所等室内的地面、墙面、桌面、门窗面、玻璃面和天花板的清扫干净的标准，提出广场、道路、运动场、篮球场、人行道、绿化带（地）等室外清扫、清捡干净的标准。使学校劳动教育课的组织实施者对照标准提出要求，更加有的放矢。

2. 组织劳动技能和方法培训

后勤总务部门应定期组织学生骨干进行劳动技能和方法的培训，进行好正确的劳动姿势培训，掌握好各种劳动工具的使用方法，学会爱护劳动工具。熟练地掌握劳动技能和劳动工具，包括现代智能劳动工具的使用方法和技能，可以极大地提高劳动教育课的质量和效果。

3. 协助做好劳动课日常检查

后勤总务部门和学校督察部门共同履行劳动教育课日常实施情况的检查指导工作，及时巡查发现校园各区域劳动教育课存在的各种问题，及时提出整改意见，协助抓紧抓好整改落实工作，提升劳动教育课的日常教学工作质量。

4. 参与统一组织的劳动督查

一般情况下，学校每周组织一次全面的、彻底的劳动教育课检查，按照统一组织和分工负责相结合的检查方式，认真详细检查，发现问题及时汇报并提出整改意见，落实好自己的检查责任。

（五）做好劳动教育课工具保障

根据劳动教育课参加学生数所需要的劳动工具和劳动工具正常损坏情况，及时按程序申请、审批、购买和补充，切实保障好劳动教育课所需要的劳动工具。

三、二级学院工作职责

院（系）是学生劳动教育课程的直接领导和组织者，负有重要的课程教育教学和实践责任。高校教师和辅导员是学生思想政治工作教育管理、组织者，对学生基础劳动教育课程负有直接和具体组织落实的责任。

（一）院（系）职责

1. 纳入人才培养方案

根据学校劳动教育课教学委员会和教务处有关课程教育教学要求，纳入重要的议事日程，制（修）订各专业人才培养方案，报教务处审批执行。

2. 制（修）订规章制度

制（修）订劳动教育课教育教学有关规定制度和教学计划，完善人才培养方案和教学计划的具体规定与措施，认真落实劳动教育课的教学制度、计划和奖惩规定。

3. 明确领导分工

明确院（系）领导对劳动课教育教学和组织实施的分工负责，加强各班级劳动课的督促检查，及时发现整改问题，不断提高劳动教育课的教学实践效果和质量。

4. 做好宣传工作

要做好劳动教育课的普遍宣传教育，按照课程要求上好劳动教育理论课，增强劳动意识，端正劳动态度，重视发现劳动实践过程中的好榜样，做好学生的思想宣传教育工作。

2. 完善课程档案资料

要按照课程教学管理规定，及时收集劳动教育课的各种教学资料，做好考勤和教学登记，规范整理，完善归档。要及时录入学生的课程成绩，做好补考重修工作。

5. 做好课程改革创新

要不断做好劳动教育课的理论教学与实践改革，不断探索新时代在高职院校开设劳动教育课程的途径与方法，尤其是与专业建设相结合的劳动教育，不断增强劳动教育教学的教育效果，努力达成人才培养目标。

（二）教师或辅导员职责

1. 详细计划，分工负责

根据学校教务部门和学工部门关于开设开展学生基础劳动教育课程的规定，对照各自参加劳动教育课的班级及人数，制订详细的劳动课计划，分成区域劳动小组，指定小组长负责，做好分工负责。组织班委会议和班会，明确有关规定，提出落实好劳动教育课的具体措施和要求。

2. 重视教育，统一思想

教师或辅导员根据学工部门和劳动教育课教研室的布置和要求，组织好4课时的劳动教育理论课的备课，充分准备，编写好教案，并认真组织教学，做好劳动教育理论课教学登记、考勤登记、过程登记、效果评价登记，形成完整的理论教学资料。

3. 遵守制度，落实规定

负责劳动教育课组织实施的辅导员，应坚持劳动教育课课程标准和制度，做好每天早上集合考勤登记和管理工作，做好每天劳动实践课结束后的小结讲评，加强劳动课实践过程中问题的自查整改工作，重视劳动教育课实践过程中的好人好事的宣传和氛围营造工作，做好劳动课教育教学总结。

4. 交流经验，树立典型

教师或辅导员在劳动教育实践中，注重收集树立在劳动中不怕苦、不怕累、不怕脏、吃苦耐劳的典型，组织撰写心得体会和交流经验。注意利用实践过程，发现考察班团干部，给予评先评优，培养入党积极分子和发展党员。

5. 耐心细致，做好工作

加强思想教育工作，对少数认识不到位、态度不端正、出工不出力，甚至找借口请假躲避劳动等行为，要及时沟通，做好耐心细致的思想教育工作。对个别我行我素、屡教不改、无特殊原因不参加劳动的问题学生，除给予补考、重修外，还应严肃教育、批评，直至纪律处分。

6. 加强自查，提高效率

校园劳动由于点多、面广、线长，应科学组织，合理分配和分工。要组建一支5~8人由辅导员牵头、熟悉校园环境和有较强管理能力的督察小组，在劳动中反复巡查，发现问题当场整改，提高劳动课的质量和效率。

7. 收整资料，分类存档

教师或辅导员要根据学校有关课程教学管理规定的要求，认真完整地收集课程计划备课教案、成绩登录和分析表、考勤表及课程教学实践总结等，填写整理好教学情况登记表，由教研室存档保管。

第三节　新时代劳动教育思想

一、新时代劳动教育思想的主要内容

（一）劳动价值观教育

"劳动价值观是劳动者对劳动的根本看法，它直接决定着劳动者的价值判断和价值选择，是劳动素养的核心内容。"劳动价值观是劳动者的根本价值导向，是劳动者世界观、价值观和人生观的集中表现，决定了劳动者如何看待和对待劳动。如果说培养学生劳动技能是劳动教育的外显部分的话，那引导学生树立正确的劳动价值观则是劳动教育的内在核心。如果劳动价值观出现了偏差，即使劳动技能课再丰富，也是徒有其表，注定与劳动教育的初衷越行越远。当前很多学校的劳动教育不同程度上存在"娱乐化""惩戒化"和"形式化"问题，社会上某些人也存在着企图不劳而获、一夜暴富等错误思想，最根本的原因就是没有树立正确的劳动价值观。因此，能否在劳动教育中开展正确的劳动价值观教育，能否使学生树立正确的劳动价值观，直接关系到劳动教育的成败，必须予以高度重视。

习近平曾提出了劳动最光荣、劳动最崇高、劳动最伟大、劳动最美丽的价值观念，从劳动教育的价值评判、目标追求、历史创造、审美活动四个层面，完整系统地阐释了劳动教育的核心内涵。这一重要论述继承和发展了马克思主义劳动观、劳动价值观，成为了开展新时代劳动教育价值观教育的基本遵从。基于习近平有关重要讲话和"劳动最光荣、劳动最崇高、劳动最伟大、劳动最美丽"的劳动价值观定位，笔者将劳动价值观教育凝练为崇尚劳动的价值取向和尊重劳动的价值引领两个方面。

1. 崇尚劳动的价值取向

"劳动最伟大""劳动最崇高"分别从历史创造和目标追求两个层面，充分肯定了劳动的价值，二者作为崇尚劳动价值取向的基本表现，直接回答了如何看待劳动的问题。开展新时代劳动价值观教育要深入发掘劳动最伟大、最崇高的核心意涵，认识到崇尚劳动对个人和社会发展的重大价值，以及对践行社会主义核心价值观的重要作用，只有这样才能增强学生对劳动发自内心的热爱与崇敬，才能在学生中树立起崇尚劳动的价值取向，这对于增强新时代劳动教育的内在生命力和营造崇尚劳动的社会风尚有着重要的意义。

（1）崇尚劳动的价值取向源于劳动的本源性价值

劳动价值观根源于劳动的现实属性和社会属性。一方面，人类生存和发展面临的

首要问题就是改造现实的客观世界，正因如此，人类在生产劳动中人和人结成了不以人的意志为转移的生产关系，人类因此形成了对劳动的观念，形成了对劳动价值的认识，认识到了劳动这种直接现实性活动是人类得以生存和发展的基石，因为劳动人们才可以改造并认识客观世界，因为劳动的现实属性使人类真实而直接的认识到客观世界，避免人类陷入主观误区并推动人类社会不断发展。另一方面，正因为在劳动中人们结成了紧密的生产关系，人类的社会属性得以充分彰显，人类在劳动过程中所彰显出的合作、友善、创新等优秀品质都是推动劳动不断发展的重要保证，因此人类对劳动及其过程中所彰显的优秀品质产生向往，由此产生了正确的劳动价值观。

劳动最崇高，劳动最伟大都是对劳动本源性价值的热情讴歌，只有充分认识到劳动的本源性价值才能明白为何要树立崇尚劳动的价值取向。马克思、恩格斯分别从唯物史观、政治经济学和教育学原理等角度对劳动的加之做出了重要阐释。唯物史观强调，劳动创造历史和劳动创造人本身；政治经济学强调，劳动是商品价值的唯一源泉；教育学原理强调，劳动是实现人的全面发展的重要途径。党的十八大以来，习近平继承和发展了马克思主义劳动价值理论，指明了新时代的劳动价值观，成为了开展新时代劳动价值观教育的基本遵从。

开展新时代劳动教育必须坚持马克思主义劳动价值观，让学生深刻认识到劳动对于世界和人类发展的重要意义，认识到劳动是创造财富的基石，认识到劳动对推动个人发展的重要作用，只有这样才能让学生明白劳动的崇高和伟大，真正树立起崇尚劳动的价值取向。

（2）崇尚劳动的价值取向契合了社会主义核心价值观

"在我们的社会中，劳动不仅是经济的范畴，而且是道德的范畴。"社会主义道德的形成与劳动有着密不可分的关系。人正是在劳动实践中构成了"人们之间的政治和思想关系的形成和发展基础"，从这个角度上说，劳动成为了社会主义道德的全部来源。一方面，社会主义核心价值观是对中国特色社会主义道德的高度概括，深入挖掘爱国、敬业、诚信、友善等核心价值观内容，无一不透露着劳动的光辉，其本身就涵盖了崇尚劳动的价值取向。另一方面，社会主义核心价值观与崇尚劳动的价值取向二者的本质目标是一致的，都是要在社会中凝聚正能量为社会发展营造一种积极的价值观念，劳动最崇高、劳动最伟大就是对崇劳尚劳社会价值共识的直接表现，就是凝聚人民意志、发展社会经济的有效切入点。

"青年的价值取向决定了未来整个社会的价值取向，而青年又处在价值观形成和确立的时期，抓好这一时期的价值观养成十分重要。"在广大青年学生中弘扬社会主义核心价值观具有十分重要的意义，这样可以确保他们人生的"第一粒扣子"不会扣错，在未来的人生道路中不会迷失方向，为形成良好的社会价值取向打下坚实的基础。"以劳树德"是劳动教育的重要功能，通过劳动教育塑造学生正确的劳动道德和劳动素养，让学生认识到劳动对于自身主观世界的强大改造力，深刻领会社会主义核心价值观的内在意涵，让劳动教育真正成为弘扬社会主义核心价值观的有效载体。

2. 尊重劳动的价值引领

"劳动最美丽""劳动最光荣"分别从审美活动和价值评判两个层面，对劳动和劳动者的自身价值予以了充分肯定，即劳动（行为）最美丽、劳动者最光荣。正因如此，为了让学生形成尊重劳动和劳动者的普遍共识，必须要在新时代劳动教育中加强尊重劳动的价值引领。尊重劳动是指"要尊重和保护一切有益于人民和社会的劳动。不论是体力劳动还是脑力劳动，不论是简单劳动还是复杂劳动，一切为我国社会主义现代化建设作出贡献的劳动，都是光荣的，都应该得到承认和尊重"，尊重劳动直接回答了如何对待劳动的问题。在新时代劳动价值观教育中加强尊重劳动的价值引领，必须厘清尊重劳动的逻辑理路，只有这样才能培养学生尊重劳动和尊重劳动者的基本品格。

（1）尊重劳动的价值引领是尊重劳动者的内在要求

尊重劳动要尊重劳动者。劳动者作为劳动的主体直接关系到劳动结果，但是社会中的某些人奉行利益至上、效益最大的观念，过分强调劳动生产所带来的利益，漠视了劳动者在劳动生产中的作用，甚至有一部分企业管理者将劳动者视作累赘和负担。人民群众是历史的创造者，这是历史唯物主义的基本观点之一。习近平高度重视劳动人民的主体地位，"要始终重视发挥工人阶级和广大劳动群众的主力军作用"，开展新时代劳动教育必须坚持以人为本的价值理念，重视并肯定劳动者的地位，将尊重劳动者贯穿于整个劳动价值观教育之中。

尊重劳动要尊重劳动者的劳动。"一切劳动，无论是体力劳动还是脑力劳动，都值得尊重和鼓励；一切创造，无论是个人创造还是集体创造，也都值得尊重和鼓励。"脑力劳动和体力劳动都是劳动的具体形式，都应该受到尊重。但是在某些人的观念中仍然存在鄙视体力劳动的思想，轻视甚至鄙视体力劳动者。新时代劳动教育要让学生树立劳动平等的观念，认识到体力劳动和脑力劳动同样可贵，同样值得尊重，懂得尊重体力劳动和体力劳动者的道理，教育和引导学生将来无论从事什么样的工作都能通过自己的辛勤劳动为国家和社会做出贡献。同时，党的十六大将尊重劳动列于"四个尊重"之首，承认劳动是人才、知识和创造的前提，因为只有坚持劳动，认真劳动、热爱劳动才能不断为营造尚贤爱才的社会风气提供强大支持，从这个角度上说，尊重劳动者的劳动自然是题中之义。

（2）尊重劳动的价值引领是实现幸福劳动的前提

尊重劳动体现于保障劳动者利益。尊重劳动必须要以制度性的保障措施来实现，党和国家一直以来十分注重对劳动者权益的保障，将尊重劳动落实在具体行动之中。始终维护好和发展好广大劳动者的权益，实现劳动者的全面发展是实现幸福劳动的前提，开展新时代劳动教育必须要从加强尊重劳动的价值引领，将尊重劳动的观念灌输到学生的日常生活和劳动实践之中，让他们在以后的工作中能够尊重他人的劳动和自己的劳动，敢于维护自身合法劳动权益，实现幸福劳动。

尊重劳动有利于实现创造性劳动。让学生实现创造性劳动是新时代劳动教育的一个重要目标，实现创造性劳动仅仅依托于提升劳动素养是不够的，更重要的是在全社会加强尊重劳动的价值引领，营造一种尊重劳动的社会风尚。还要构建起系统完善的劳动者权益保障机制，才能在劳动者实现创造性劳动之后获得应有的收获，感受到实实在在的劳动获得感，这样才能让劳动者投入全身心的投入到创造性劳动之中。开展新时代劳动教育有助于培养新一代的高素质劳动者，坚持尊重劳动的价值引领，为学生开展创造性劳动提供土壤，为实现幸福劳动创造前提。

（二）劳动育人观教育

"充分发挥劳动综合育人功能，制定劳动教育指导纲要，加强学生生活实践、劳动技术和职业体验教育。"新时代劳动教育成为了与德智体美并列的基础性教育，最终指向了人的全面发展，从根本上服务于培养德智体美劳全面发展的社会主义建设者和接班人大局。劳动教育相比于其他四育有着更为直接的现实参与性和主体带入性，学生在参与劳动实践的过程中实现了德智体美等教育要素的充分带入，能够在劳动实践中潜移默化的塑造学生的价值观念，激发学生的智慧才干，增强学生的身体素质，培育学生的审美情趣，实现以劳树德、以劳增智、以劳强体、以劳育美的目的，彰显了劳动教育独特的综合育人功能。

1. 以劳树德

"要把立德树人融入思想道德教育、文化知识教育、社会实践教育各环节。"立德树人是我国教育工作的出发点和落脚点，是我国教育工作必须遵从的基本原则，以劳树德自然也成为了我国劳动教育工作的题中之义。人类在劳动实践中改造客观世界，同时人类的主观世界也在悄然发生改变，从这个角度说是劳动活动创造了道德主体。在劳动教育中加强对学生的引导，使之树立正确的世界观、人生观和价值观，进而达到"以劳树德"的目的，这十分重要。新时代劳动教育作为中国特色社会主义教育制度中的重要组成部分，必须坚持社会主义核心价值观，突出劳动教育的"立德"功能。但是我们必须认识到，道德是一种主观概念，必须要以一定的载体来表现，所以将"以劳树德"定位于价值引领、品德意志、劳动情感三个方面。

增强价值引领。习近平多次就劳动的作用和价值发表过一系列重要论述，这些重要论述继承和发展了马克思主义劳动价值观，深刻阐明了劳动对人类社会发展的重要价值，体现了历史唯物主义的基本立场，这成为开展新时代劳动教育的基本价值遵循。在劳动教育中使学生树立正确的劳动价值观，增强马克思主义劳动价值观的价值引领，这是劳动教育的核心目标。一方面，通过开展劳动教育让学生充分认识到劳动的本源价值，这有利于学生树立唯物主义的世界观，明白劳动是创造世界和推动人类历史发展的源动力，深刻明白劳动是一切快乐和美好事物源泉的道理。另一方面，让学生充分认识到劳动对于社会发展和个人成长的重要作用，自觉将个人奋斗与社会进步紧密联系在一起，以高尚的价值观念引领劳动实践，明白不会劳动、不爱劳动会阻碍个人和社会发展的道理，认识到劳动是实现生命价值和社会价值的有效途径。

锤炼品德意志。千淘万漉虽辛苦，吹尽狂沙始到金。人类的历史就是一部艰辛的劳动创业史，人类正是在劳动中改造世界并不断加深了对客观世界的认知，在这一过程中人类的宝贵品格得以彰显，人类的意志得以体现。一方面，开展劳动教育有助于学生磨炼意志。"要教育孩子们从小热爱劳动、热爱创造，通过劳动和创造播种希望、收获果实，也通过劳动和创造磨炼意志、提高自己。"在这一点上，习近平曾经的知青岁月给了我们最为深刻直接的感悟，人为了达到目的必须要付出艰辛的劳动，只有经过一番磨炼，人的意识和思想才能实现升华，品德意志才能得以提升。另一方面，开展劳动教育有助于增强学生干事创业的担当。人想要成就一番事业注定不是一件易事，学生在劳动中锤炼了品德意志，增强了干事创业的决心和敢于担当的品格风范，这些优秀品格的养成，无疑有助于当代学生干事创业，承担起社会和历史赋予的重任。

培养劳动情感。在劳动教育中培养学生对劳动和劳动者的正确劳动感情是以劳树德的重要内容。劳动情感厚植于劳动实践之中，学生作为劳动实践的主体，在参与劳动实践的过程中逐渐形成了对劳动的主观情感，形成了对劳动要素的情感依赖关系，最明显的就是对劳动和劳动者的情感依赖。新时代劳动教育以培养合格的社会主义接班人和建设者为目标，对劳动、劳动成果和劳动人民怀有深刻感情是社会主义建设者和接班人应有的素质。通过劳动教育培育学生的劳动情怀和劳动情感要从两个方面着手。一方面，开展形式多样的劳动实践教育，让学生在劳动实践中劳有所得、劳有所获，使学生在劳动中获得幸福感和满足感，在劳动中感受到他人的帮助和关心，对劳动心怀感激。另一方面，在劳动教育中开展榜样教育，通过劳模进校园或者评选身边的劳动模范等活动，在学生身边树立起艰苦奋斗、兢兢业业的劳动模范，通过榜样教育让学生深感劳动的不易，对劳动者心怀敬意。劳动教育实现了生活教育和生命教育的有效汇聚，充分彰显了在培养学生正确劳动情感方面的重要作用。

2. 以劳增智

"劳动教育是对年轻一代参加社会生产的实践训练，同时也是德育、智育和美育的重要因素。"劳动作为实践的一种形式，劳动教育使得学生在劳动中实现了自我主体和外界客体的互动，正是在这种多次互动的实践过程中，增强了学生思考和解决问题的能力，启迪了学生的智慧进而达到"以劳增智"的目的。陶行知认为劳动教育要"谋手脑相长，以增进自立之能力，获得事物之真知及了解劳动者之甘苦。"不难看出，劳动教育可以增长学生的智力，具有智育的重要属性，通过外部劳动促进学生在劳动中增长才干、启迪智慧，彰显"以劳增智"的内在价值。以劳增智在劳动教育中有着重要的内生属性，是劳动教育的重要教育功能之一。在劳动中启迪智慧，启迪智慧后又不断丰富和发展劳动，正是在这不断的循环中实现了人类实践能力的提升，这二者构成了一对辩证关系，促进了人类智慧和劳动实践能力的同向发展。

对学生开展劳动教育进而实现"以劳增智"的重要目的，这不仅是推动劳动教育更好发展的内在要求，更是当前劳动形式多样化、复杂化的现实要求。人类历史本质上就是一部人类劳动史，人类从茹毛饮血的蛮荒时代走入日新月异的 21 世纪，人类的劳动早已从简单的狩猎采集发展为机械化、智能化的大规模作业。随着人类社会的不断发展，劳动地业态也愈发多样化，脑力劳动在人类生活中愈发重要，而体力劳动作用趋于弱化这也是不争的事实，为此在劳动教育中注重对学生心智的启发显得尤为重要，这也对劳动教育提出了更高的要求。尤其是在新时代历史方位下，科技发展和产业变革加快，劳动业态日益复杂化，加之"转变我国经济发展方式、实现中国制造 2025 目标、做强做大实体经济、建设知识型技能型创新型劳动者大军"这一系列重大任务的提出，要求我们强化劳动教育，突出以劳增智的重要功能。

一方面，纸上得来终觉浅，绝知此事要躬行。劳动教育为学生搭建了一条书本知识和与生产生活紧密联系的桥梁，通过劳动有效地检验知识、发展知识，强化学生实践能力，破解外界对中国学生"高分低能"的诟病。在劳动教育过程中，学生为了解决劳动实践中存在的问题，会主动开阔思路将所学知识应用于劳动实践，这样一来不仅实现了学生"学以致用"的劳动教育初衷，使学生获得了在劳动中验证知识的成就感，而且培养了学生解决问题的思路，启迪了学生智慧。另一方面，劳动教育赋予了学生亲自参与劳动实践的机会，学生在劳动实践中释放和满足了自己参与劳动的实践需要，这样一来，学生为了更好完成劳动实践任务，合理规划时间，分阶段完成劳动时间任务，努力提升自身解决问题能力和注意力，实现了劳动教育知识的有效吸收，促进学习的事半功倍。

3. 以劳强体

"为了在对自身生活有用的形式上占有自然物质，人就使他身上的自然力——臂和腿、头和手运动起来。"劳动作为有目的的生产性活动，必须要以人的身体作为载体，在这一过程实现了锻炼身体的效果。据科学研究证明，劳动有利于促进血液循环和骨骼肌肉发育，能够明显改善呼吸效果，提高身体素质强化体制。因此在开展劳动教育的过程中，让学生充分参与到劳动实践当中，实现手脑并用，锻炼四肢和身体，继而达到"以劳强体"的目的。

良好的身体素质是学生健康成长的基础，同样也是教育工作的重要任务。习近平高度重视学生身体素质的发展，他指出："都要把身心健康牢牢抓在手上，养成良好的生活习惯，经常参加劳动和体育锻炼，自觉培养不畏艰难、顽强奋进的意志品质。"这一论断强调了劳动对身体的锻炼作用，凸显了以劳强体的重要功能。劳动作为人类改造客观世界的实践活动本身就与人类的身体素质密不可分，人类以自身劳动力去参与劳动实践，在劳动实践中自身身体也得到了锻炼，适当强度的劳动实践无疑对提升人的身体素质是有好处的，这对于正在身体发育期的学生显得尤为重要。

一方面，加强劳动教育有利于增强学生身体素质。劳动实践无疑对增强学生的身体素质大有裨益。相比较欧美国家，我国学生劳动时间严重不足，通过劳动实践锻炼身体的机会较少，"以劳强体"的重要功能也逐步弱化。开展新时代劳动教育，重新彰显了劳动教育的重要价值，以劳强体的重要功能受到了高度重视。劳动教育通过校园、家庭和社会等的多方联动，以家务劳动、班级劳动、社会服务等几种形式共同为学生参与劳动实践提供平台，为学生创造多种劳动实践的机会，进而通过劳动为学生锻炼身体提供好的机会。另一方面，劳动教育并不单纯等同于让学生参与体力劳动。体力劳动是指以劳动者运动系统为主的劳动形式，往往伴随着剧烈的高强度的体力消耗，所以片面的将劳动教育等同于体力劳动显然是不对的，这既忽视了学生身体成长的客观规律也违背了劳动教育的初衷。体力劳动是劳动实践的一种重要表现形式，必须提高对劳动教育的科学性认识，劳动教育通过让学生参与劳动实践达到劳动教育的目的，避免劳动教育成为单纯的体力劳动，使劳动教育成为"变相体罚"，出现惩戒化的问题。

4. 以劳育美

习近平在全国教育大会上做出了劳动最美丽的重要论述，从审美观念方面，深刻揭示了劳动本身所蕴含的美学意蕴，这成为了开展新时代劳动教育的价值遵从之一。

一方面，劳动实践是审美观念形成的基础。美作为一种价值取向是在人类改造客观世界的劳动实践活动中形成的，正是在劳动中人们形成了对美的认知和判断标准，具有了区别于动物的显著能力。马克思主义审美观认为，人在劳动实践中形成了对"美"的评价尺度和标准，并最终形成了人类独有的审美观念，因此劳动实践是审美观念形成的基础，最重要的是，这种基于劳动实践所形成的审美观念不仅满足了人类自身发展的精神需要，更为人类赋予了想象力的翅膀，使人性得到进一步升华，为破解今后人类自身发展和世界存在的问题提供了一把"钥匙"。马克思从人类劳动实践和从固有的行为方式出发，揭示了人审美观念形成的根本原因，体现了唯物主义的核心内涵，构建了马克思主义审美观的体系架构，这成为了新时代劳动教育思想"以劳育美"的理论源头。

另一方面，"以劳育美"展现了美的社会价值。正如马克思所说，"劳动的对象是人的类生活的对象化：人不仅像在意识中那样在精神上使自己二重化，而且能动地、现实地使自己二重化，从而在他所创造的世界中直观自身。"人类不仅在劳动中改造着客观世界，也在劳动中改造着主观世界，人类在劳动中得以塑造自我并彰显人性的光辉，为社会增添了正能量，培育了"美"的社会共识，这便是"以劳育美"社会价值的体现。自中华人民共和国成立以来，党领导全国各族人民投入到了如火如荼的国家建设中，在全国各行各业涌现了一大批优秀劳动者代表，如王进喜、焦裕禄、黄大年等，他们都在各自的劳动岗位上创造了不平凡的工作业绩，彰显了自身的优秀品质，为国家发展做出了贡献，给我们留下了宝贵的精神财富。他们在劳动中展现的优秀品格，不仅为社会创造了价值，也为社会发展提供了榜样引领，社会形成了对劳动者最美丽、劳动最美丽的普遍价值共识，这本身就是"以劳育美"社会价值的完美体现。

开展劳动教育就是要让学生充分认识到劳动中蕴含的"美"的元素，通过开展劳动教育让学生在劳动实践中，在劳技作品的创造中塑造自身的审美观，加强对美好事物的直观感受。同时，学生在劳动实践中充分发扬自身优秀品质，形成对好和坏、美与丑的价值观念认同，进而形成大"美"的概念，以更好的精神面貌和价值观念投入到今后的学习生活中，为社会发展做出自己的贡献。

（三）劳动实践观教育

劳动教育的直接目的是为了学生以正确的劳动观念和劳动态度参与到劳动实践中，突出劳动教育的教学实效，实现知行合一，因此加强学生劳动实践观教育成为了劳动教育的一项重要内容。开展新时代劳动实践观教育要"结合创新创业的时代召唤，不断丰富劳动教育与终身教育的实施理念与实践形式，为现代教育与生活相结合的实施提供基本的路径方略。"为此，劳动实践观教育有必要从端正劳动态度、树立劳动榜样、拓宽劳动参与等三个层面出发，增强学生的劳动实践能力。

1. 端正劳动态度、参加劳动实践

劳动作为一种直接现实性活动，劳动者的态度至关重要，这不仅直接影响到劳动结果，更会间接影响到整个社会的劳动风气。为此，如何教育和引导学生以正确的劳动态度参与劳动实践，这是劳动教育的重要目标和根本职能之一。习近平强调让学生们辛勤劳动、诚实劳动、创造性劳动，这指明了新时代应有的劳动态度，这不仅继承了中华民族的优秀传统，更是基于当代中国发展实际做出的科学回应，构成了新时代劳动教育思想的重要组成部分。

辛勤劳动。一方面，辛勤劳动源于中华民族的优秀传统。"中华民族是勤于劳动、善于创造的民族。正是因为劳动创造，我们拥有了历史的辉煌；也正是因为劳动创造，我们拥有了今天的成就。"中华民族一直以辛勤劳动著称，这是支撑中华儿女不断攻坚克难的宝贵品质；是推动中国人民接续创造人间奇迹的不竭动力；是引领中华民族走向伟大复兴的不竭动力。早在春秋时期古人就有"民生在勤，勤则不匮，不可谓骄"的感慨，古代哲人也曾有"人生在勤，不索何获"的诘问；民间亦有"一分耕耘，一分收获"的谚语。古往今来，中国的很多诗歌谚语和故事传说都歌颂了辛勤劳动这一

伟大品质，表达了以劳动创造美好生活的价值取向，中华民族以坚韧不拔的意志和辛勤劳动开创了古代社会发展的奇迹，体现了劳动从谋生手段逐渐转变为个体成长和社会发展根本力量的过程，应证了历史唯物主义的客观规律。另一方面，辛勤劳动是人类劳动的基本特征之一。无论是体力劳动还是脑力劳动都不是一个容易的过程，人类正是付出"蜗牛爬行般的艰辛劳动"，才从茹毛饮血的原始社会走入日新月异的21世纪。虽然工业革命创造了"比过去一切世代创造的全部生产力还要多，还要大"的生产力，机器的大量使用可以让人类从繁重的体力劳动中解放出来，但是随之而来的却是为了发明和维修机器所付出的更为繁重的脑力劳动。尤其是现代社会知识技能更新快速，人们为了应对快节奏的社会生活，不得不付出更为艰辛的劳动以适应快节奏的社会生活。不难看出，在人类生产力不足以实现每个人自由而全面的发展之前，辛勤劳动作为人类劳动的基本特征之一，并不会随着生产力的发展而消失，它只会从一种劳动形式转为另一种劳动形式罢了。

诚实劳动。一方面，诚实劳动是劳动者应有的精神境界。"诚者天之道也，思诚者人之道也。"诚实作为一种优秀品质是任何一个劳动者都应具有的精神境界。诚实劳动要求劳动者在法律和道德的框架内从事各种有利于社会发展的体力劳动和脑力劳动，要求劳动者实事求是的认识和对待自己的劳动过程和劳动成果。在劳动过程中时刻以诚实守信作为第一原则，对自己的劳动技能和劳动知识有清晰的认识，对自身的劳动素质做出清晰定位，杜绝好高骛远的假性劳动。同时，劳动者应立足于自身岗位踏实劳动，摒弃虚假之风和一切不劳而获的投机思想，积极弘扬诚信文化，将诚实劳动作为一种价值诉求内化于心，依靠诚实劳动实现人生梦想。另一方面，诚实劳动是社会主义劳动的重要特征。"人世间的美好梦想，只有通过诚实劳动才能实现；发展中的各种难题，只有通过诚实劳动才能破解；生命里的一切辉煌，只有通过诚实劳动才能铸就。"新中国成立以来，广大劳动者以主人翁的精神继承并发扬了中华民族诚实劳动的优秀品格，在各自的工作岗位上恪尽职守，铸就了社会主义事业的人间奇迹，彰显了社会主义制度的优越性，这与资本主义下的劳动有着本质的区别。

创造性劳动。一方面，创造性劳动是当代中国发展的迫切要求。习近平在十九大报告中指出，"创新是引领发展的第一动力，是建设现代化经济体系的战略支撑。""惟创新者进、惟创新者强"。试以深邃的历史眼光洞悉世界发展潮流，创新是实现中华民族伟大复兴的关键一招。开展创造性劳动，必须要尊重劳动人民的"首创精神"，激发亿万人民的创造性劳动实践热情，只有这样才能更好地引领新一轮产业革命和破解当代中国的发展难题。另一方面，创造性劳动有利于学生个人成长。"青年是社会上最富活力、最具创造性的群体"，广大青年学生理所应当走在时代的前端，引领我国乃至世界的创新大潮。同时，当前广大青年学生正处于身体和思维成长的黄金时期，在劳动教育中坚持创造性劳动，弘扬创造性劳动，有利于激发青年学生的想象力和创造力，促进学生个人成长成才，成就闪亮人生。

2. 树立劳动榜样、热爱劳动实践

榜样的力量是无穷的，在劳动教育中为学生树立劳动榜样，有利于增强学生劳动实践的精神引领，有利于推动新时代劳动教育走深走实。"劳动模范是劳动群众的杰出代表，是最美的劳动者。劳动模范身上体现的'爱岗敬业、争创一流，艰苦奋斗、勇于创新，淡泊名利、甘于奉献'的劳模精神，是伟大时代精神的生动体现。"劳动模范作为社会主义劳动者的杰出代表，他们在各自的岗位上为国家经济和社会发展做出了不可磨灭的历史贡献，广大劳动模范所展现出的劳模精神是值得中华民族世代传承和发扬的宝贵精神财富，他们是开展劳动教育最宝贵和最直接的学习榜样。从某角度上说，开展新时代劳动教育和弘扬劳模精神是一脉相承、有机结合的，引导学生们向劳动模范学习，在劳动实践中继承弘扬劳模精神，树立热爱劳动、尊重劳动的价值观念，这对于新时代劳动教育有着十分重要的意义。

十九大报告要求大力弘扬劳模精神和工匠精神，在全社会营造劳动光荣的社会风尚和精益求精的敬业风气。学校是国家培养人才的重要基地，理所应当的具有弘扬劳动光荣风尚的责任。一方面，敬业、实干和开拓是劳动精神和工匠精神的精神内核，这不仅体现了社会主义核心价值观的本质要求，也契合了学生道德建设的重要目标。学校要重视劳动教育，努力使学生树立热爱劳动、崇尚劳动、尊重劳动的观念，为社会形成劳动光荣的社会风尚打下坚实的基础。学校要积极开展榜样教育，推动劳动模范进校园活动，让学生更直观的了解劳动模范的光荣事迹和感人故事，引导学生向劳模学习、向劳模看齐，以劳模精神为引领投入到以后的劳动实践中，为新时代中国特色社会主义事业贡献自己的力量。另一方面，学校的一切工作要始终围绕立德树人这个根本目标展开，广大教师应学习劳模甘于奉献、爱岗敬业的精神，不断锤炼教学能力及个人修养，做好立德树人工作。开展劳动模范进校园活动，要积极引导劳模精神和工匠精神在广大教师中间发扬光大，让教师成为劳模精神的践行者，将劳模精神和工匠精神融入到课堂教学和社会实践的方方面面，努力让劳模精神成为推动师德建设新的重要力量。

在学生中间树立劳动榜样，开展劳模进校园活动，无疑将为学生劳动实践注入精神力量，提升劳动教育的现实性。劳动模范是社会主义建设者的优秀代表，他们身上所展现出的"爱岗敬业、争创一流，艰苦奋斗、勇于创新，淡泊名利、甘于奉献"的劳模精神是推动国家经济建设和社会发展的重要精神力量，也为人民开展劳动教育提供了崇高的精神榜样，劳动教育为继承和发扬劳模精神提供了有效载体，劳模精神也为劳动教育提供了不竭的精神源泉和方向引领，二者相互促进、共同发展。教育学生在劳动实践中自觉向劳动模范看齐，在学习中、在生活中、在日常劳动中都要以踏实肯干、艰苦奋斗的标准严格要求自己，将劳模精神内化于心，外化于行，将其始终作为自己干事、创业的坚定信仰。

3. 拓宽劳动参与、增强劳动实践

当前很多学生劳动实践能力不足，不会劳动的问题十分突出，有些学生甚至缺乏基本的劳动技能和自理能力，这无论对于学生的个人成长还是国家今后的发展都极为不利。如何增强学生的劳动实践能力是开展新时代劳动教育亟需回答的问题，新时代劳动教育必须开展广泛的劳动教育实践活动，增强马克思主义劳动观引领，充分动员学校、家庭和社会三方主体，让学生在广泛的劳动实践活动中夯实劳动价值观念，提高劳动技能，让学生更好的劳动，更好的生活。

"素质是立身之基，技能是立业之本。广大劳动群众要勤于学习，学文化、学科学、学技能，学各方面知识，不断提高综合素质，练就过硬本领。"劳动技能和劳动素质必须在广泛的劳动实践中才能不断提升。开展新时代劳动教育要拓宽学生的劳动参与面，不能将劳动教育仅仅定义为学校的教育课程，充分发掘并认识到家庭和社会的劳动教育资源的重要性，形成三方协同育人的格局，不断推动新时代劳动教育成果走深走实。

首先，拓宽劳动教育参与面。劳动实践多种多样但是最主要的还是基本生活技能和谋生技能，这就要求学生广泛的参与到家庭、学校和社会的劳动实践中，先从简单劳动做起，在实实在在的劳动中出汗、出力、磨炼意志，在实实在在的劳动中体会到劳动成果的来之不易，在实实在在的劳动中增强劳动获得感和体验感，摒弃一切虚假劳动，在广泛的日常生活和社会参与中学习和强化劳动技能，不断夯实劳动教育的教学成果。其次，注重劳动教育的阶段性。开展新时代劳动教育必须从学生实际情况出发，根据学生身体发育状况制定相应的劳动教育方案。在小学阶段可以通过做一些简单的家务活动培养学生热爱劳动的好习惯，在中学阶段可以组织学生参加一些简单的社会生产活动和服务劳动让学生认识到劳动成果的来之不易，在大学阶段可以有针对的培养学生专业性劳动技能，增强学生走入社会的生存能力。最后，聚焦劳动技能新发展。随着时代的发展，劳动的业态不断丰富，劳动技能也在不断发展，学生一定要树立与时俱进的劳动观念，根据时代需要和个人发展规划，有意识的增强劳动技能学习，为今后更好的劳动实践打下坚实的基础。

二、新时代劳动教育思想的重大价值

（一）新时代劳动教育思想的理论价值

1. 发展了马克思主义劳动教育思想

"未来教育对所有已满一定年龄的儿童来说，就是生产劳动同智育和体育相结合，它不仅是提高社会生产的一种方法，而且是造就全面发展的人的唯一方法。"这是马克思基于唯物史观对人全面发展做出的方法论预判，指明了劳动教育的重要作用。马克

思劳动教育思想汲取了资产阶级教育家和思想家生产劳动和教育相结合的思想的合理内核，为生产劳动和教育相结合这一教育思想注入了科学的社会主义内涵并发展为理论。新时代劳动教育思想发展了马克思主义劳动教育思想，继承了中国共产党人"劳教结合"的教育方针，彰显了中国共产党人与时俱进的理论品格。

(1) 确定了劳动教育在教育体系中的地位和作用

马克思对生产劳动和教育相结合进行了深入的研究，肯定了教育与生产劳动相结合对促进人全面发展的重要作用，并认为"我们把劳动力或劳动能力理解为，每当生产某种使用价值时就运用的体力和智力的总和。"这表明马克思充分认识到了劳动与智育、体育之间的相互影响，指出了劳动教育对实现人全面发展的重要作用。因为受制于客观历史条件和当时的社会环境，马克思劳动教育思想侧重于从资本主义社会大生产背景下对劳动的教育意义进行阐述，没有对劳动教育在整个教育体系中的地位和作用形成整体性认识，没有对劳动教育与德智体美其他四育的相互作用进行明确定位。

劳动教育作为理论和实践的统一体，能够真正实现知行合一的教育目标，培养学生对真善美的价值判断，但是由于较长时间以来劳动教育的地位及作用没有得到正视，导致劳动教育的发展出现了一些问题。在2018年的全国教育大会上，习近平正式提出了德智体美劳全面发展的教育方针，"五育共举"使劳动教育与其他四育并列，使劳动教育成为了培养社会主义建设者和接班人的重要内容。提出"五育共举"充分肯定了劳动教育的地位，凸显了劳动教育与其他四育的相互作用，进一步明确了劳动教育在整个教育体系中的重要地位和作用。同时，新时代劳动教育突出了在劳动教育中树立正确劳动观和劳动价值观的重要任务，为开展劳动教育树立了正确直接的价值导向，这不仅契合了时代的发展要求也超越了狭隘的劳动教育，将劳动教育推向了一个崭新的高度。

(2) 明确了劳动教育的培养目标

马克思基于社会和人的发展提出了教育与生产劳动相结合的必要性，认为其是未来教育的必然选择，最终指向了人的解放和发展。马克思以超越时代的深邃洞察力，预见了"劳教结合"的重大作用，构建起了以人的本质发展为根源的劳动教育思想，并将教育与生产劳动相结合定位为实现人全面发展的重要途径，这一论断指明了马克思主义教育理论的终极目标，即造就全面发展的人。

在2018年的全国教育大会上，习近平提出了发展新时代中国特色社会主义教育事业的"九个坚持"和"九个要"，明确回答了培养什么人、怎样培养人、为谁培养人这一系列根本问题，指明了新时代中国特色社会主义教育事业的发展方向和根本任务，这将马克思主义教育理论的终极目标加以具体化和阶段化，这也为开展新时代劳动教育确定了核心任务。同时，习近平还提出"教育引导学生崇尚劳动、尊重劳动，懂得劳动最光荣、劳动最崇高、劳动最伟大、劳动最美丽的道理，长大后能够辛勤劳动、诚实劳动、创造性劳动"，这一重要论述对学生的劳动态度和劳动观念提出具体要求，同时要求学生能够平等对待劳动，培养起勤俭、奋斗、创新、奉献的劳动精神，这些都进一步明确了劳动教育的培养目标。

2. 赋予了劳动教育丰富的时代内容

党的十九大报告指出，中国特色社会主义进入了新时代，中华民族实现了从站起来、富起来到强起来的历史性飞跃，由此世情、国情、党情发生了一系列深刻的变化，这是准确把握当前时代发展的基石。在新时代背景下，教育事业紧紧聚焦于新时代的发展要求，根据时代特点和我国教育事业发展的需要开展新时代劳动教育，这增强了学生的基本劳动素养和劳动技能，赋予了劳动教育新的时代内容，使劳动教育焕发出新的生命力，帮助学生在今后的人生中更好的劳动，更好的生活。

（1）新时代劳动教育有了更丰富的社会意义

劳动教育有利于社会和谐。人类进入互联网时代，极为便利的生活条件和快节奏的生活状态给人们带来了很多诱惑和困扰，互联网的快速发展在某种程度上助长了社会上的浮躁之风，试图不劳而获、一夜成名等功利主义大为流行，加之生活压力大等原因，人们缺少了对生活的激情。狄德罗认为劳动是创造激情最好的方式，"那些训练有素的工人完成工作之后，感到心满意足，散发着一种安宁祥和的感觉。"新时代劳动教育作为学校必须开展的基础教育之一，能够让学生在劳动实践后感受到劳动带给他们的安定感和满足感，能够在劳动中发现和培养兴趣爱好，在劳动中启发好奇心和想象力，这势必会对学生今后的成长带来极大益处。开展新时代劳动教育有利于让学生在劳动中克服掉互联网所带来的不良影响，在简单的劳动中收获幸福和喜悦，助力社会和谐。

劳动教育有利于社会创新。极为便利的现代生活容易让人失去追求美好生活的动力，在生活中缺乏激情，在生活中缺少创造性，这对于处在人生成长阶段的学生尤为不利。习近平指出"青年人朝气蓬勃，是全社会最富有活力、最具有创造性的群体。党和人民对广大青年寄予厚望。"学生是否具有创造性不仅是个人能否成功的关键，更是一个国家能否保持发展和竞争力的关键。培养创造性必须从基础教育做起，新时代劳动教育作为一项基础性教育，可以家庭、学校、社会等为劳动实践平台，培养学生对劳动的兴趣和对劳动的参与热情，在劳动实践中启迪学生的创造力，激发学生对美好生活的动力和激情，让各行各业的年轻人看到希望，激发国民的创造精神，夯实创新型国家的社会基础。

（2）新时代劳动教育有了更深刻的时代内涵

新时代劳动教育使学生厚植家国情怀。"中华民族伟大复兴，绝不是轻轻松松、敲锣打鼓就能实现的。全党必须准备付出更为艰巨、更为艰苦的努力。"当前正是"两个一百年"奋斗目标的历史性交汇期，是实现中华民族伟大复兴中国梦的关键节点时期，必须要通过新时代劳动教育让学生养成正确的劳动态度和劳动观念，让学生懂得"坚持艰苦奋斗，不贪图安逸，不惧怕困难，不怨天尤人，依靠勤劳和汗水开辟人生和事业前程"的道理，响应"用劳动托起中国梦"的伟大号召。通过新时代劳动教育培养学生勤劳不懈、勇于担当的优秀品格，引导学生主动将个人发展与国家发展联系在一起，将个人奋斗融入民族复兴的伟业之中，厚植家国情怀，以高度的历史责任感投身于实干兴邦的伟大实践中。

新时代劳动教育增强了学生参与公共事务的热情。人的成长就是社会属性不断丰富的过程，这就需要学生在完成学习任务的同时关注并尽量参与到公共事务中，进而增强对社会的认知和树立良好的公民意识。新时代劳动教育从根本上区别于过去单纯的学校劳动技术课，为不同年龄阶段的学生搭建起了多元立体的劳动教育实践场所，学生在学校和家庭参与劳动实践的同时可以广泛利用社会多方劳动教育资源，为学生提供更多的劳动实践机会和实践场所。让学生力所能及的参加生产劳动和服务劳动，比如让学生在农场、工厂中参加劳动，在社区中参加社区卫生、劳动志愿者服务，这些活动都有利于提升学生参与公众事务的热情，激发学生的社会责任感，使学生自觉遵守公众纪律，树立起积极的社会认同和理性的思辨能力，改善当前部分青少年普遍公民意识淡漠、社会认同感不足等问题，促进学生成长为合格的社会公民。

3. 指明了劳动教育发展的正确方向

虽然教育和生产劳动相结合一直是我国坚持的教育方针，但是受制于客观历史条件和认知水平，劳动教育在我国的发展出现了一些曲折，劳动教育的教育初衷未能真正实现。习近平在全国教育大会上对新时代劳动教育的发展方向和发展目标做出了准确定位，从新时代发展要求出发，从新时代中国特色社会主义教育事业全局出发，从培养社会主义建设者和接班人的根本任务出发，对劳动教育提出了新的发展要求，为新时代劳动教育的发展起到了举起定向的作用。

（1）深化了对劳动教育的理解

过去一段时间，由于对劳动及劳动教育的理解过于片面，由此犯下了将劳动教育等同于体力劳动教育的错误，这种片面、机械的理解劳动教育导致劳动教育内容过于单一，只是一味强调体力劳动导致学生和社会发展有明显脱节的倾向。随着时代的发展，单一机械的强调体力劳动的劳动教育已经被时代抛弃。新时代劳动教育适应了时代需要和劳动业态的发展趋势，使劳动教育成为了一种促进个人幸福和社会发展的本质教育活动，积极探索我国劳动教育的发展的新模式，设置具有综合性和针对性的劳动教育课程以更好适应不同年龄段学生的劳动教育需求。构建起了劳动技能、劳动态度和劳动意识集合的多元评价标准体系，超越了过去狭隘的、机械的劳动教育观，深刻揭示了劳动教育促进人和社会发展的综合价值，这充分表明了我国对劳动教育理解的深化和劳动教育内涵的与时俱进。

让新时代劳动教育渗透生活。新时代劳动教育对家庭、学校和社会的劳动教育资源进行充分整合，使学生能够在成长过程中全方位参与形式多样的劳动实践，推动"以劳育人"走深走实。新时代劳动教育贯穿于学生成长的全过程，通过形式多样的劳动实践让学生全面参与社会生活，让学生在劳动实践中潜移默化的形成正确的劳动观念和劳动态度，培养学生一种天然亲近劳动的自觉意识，让学生将新时代劳动教育的教学目标和价值理念内化于心、外化于行。新时代劳动教育立足于学生的成长实际，将正确的劳动理念和行为方式渗透到学生生活的方方面面，使之成为一种生活方式，从根处着手培养起学生一种自立自强、不懈奋斗的精神气概。

（2）培育劳动教育发展的内生机制，让劳动教育回归本质

培育劳动教育发展内生机制。过去一段时间以来，劳动教育一直是我国教育体系中的一块短板，中央和地方针对劳动教育缺乏中长期的发展规划，劳动教育的体系构建不完善、培养目标不具体，相关保障机制不到位，劳动教育发展主要依靠领导人讲话所形成的一种外部推动力，严重缺少内生发展机制。党的十八大以来，党中央高度劳动教育工作，先后出台了《关于加强中小学劳动教育的意见》《中国学生发展核心素养》《关于全面加强新时代大中小学劳动教育的意见》等有关文件，突出培养学生劳动意识的重要性，最终在2018年的全国教育大会上提出了构建德智体美劳全面培养的教育体系，基于人的全面发展重申了劳动教育的重要作用，重拾了生产劳动和教育相结合的优秀传统。2019年中共中央、国务院出台了《关于深化教育教学改革全面提高义务教育质量的意见》对加强劳动教育做出了新的要求，并在中央全面深化改革委员会第十一次会议上审议通过了《关于全面加强新时代大中小学劳动教育的意见》，随后各地方教育部门也随后出台了一系列相关文件政策，从发展目标、体系构建、保障机制等多方面构建了新时代劳动教育的发展体系，培育起了劳动教育发展的内生机制。

让劳动教育回归本质。虽然劳动教育在我国经历了一个较长的发展阶段，但是对劳动教育的重要性仍然认识不足，劳动教育长期徘徊在主流教育之外，加之受应试教育和部分错误社会观念的影响，劳动的发展呈现出发生了现实畸变，甚至出现了"娱乐化""形式化""惩戒化"的趋向，偏离了劳动教育的本质。新时代劳动教育对劳动教育的认识提升到了全新的高度，将劳动教育作为一项基础教育纳入整体人才培养体系，体现了党对劳动教育作用的深刻认识和国民教育体系的完善，回应了国家与个人发展的现实需要，进一步揭示了劳动教育的本质就是"通过适当的教育途径培育具有健康劳动价值观、追求社会正义、实现体力脑力结合，以及养成具有自由个性的"全面发展的人"无论劳动教育采取什么样的形式，但是开展劳动教育的目的就是要让学生在劳动实践中切实感受到劳动的可贵价值，并树立起正确的劳动价值观和激发热爱劳动的劳动热情，如果没有领悟劳动教育真正的初衷，就妄借劳动教育之名，那只能是事倍功半。

（二）新时代劳动教育思想的实践价值

1. 为形成崇尚劳动的社会氛围拓宽了路径

"劳动教育本身就具有强烈的时代特征与社会属性。"追溯古今中外的劳动教育发展历程，不难看出劳动教育因其所具有的特性，注定了劳动教育必然要与社会形成"共振"。一方面，劳动教育要根据社会发展和劳动形态的不断丰富而与时俱进，不断更新劳动教育内容和教学方法。另一方面，劳动教育的核心即劳动价值观强烈依赖社会大众对劳动价值的确认，如果社会没有予以反馈，那么劳动教育注定难以取得成效。所以，新时代劳动教育思想正是继承和发展了劳动价值观，满足了新时代社会现实需要而产生的，为形成崇尚劳动的社会氛围提供了有效路径。

（1）新时代劳动教育有利于提升社会劳动认同感

"五育共举"的提出，使得劳动教育正式成为了一项基础性教育内容，成为了与德智体美并列的基础素质教育，这有利于培养起学生良好的劳动素质，为今后发展起到积极作用。青少年时期是形成社会价值观的关键时期，针对不同年龄段的学生开展新时代劳动教育有利于在学生中间奠定起坚实的崇尚劳动的价值观念，进而对整个社会形成一种崇尚劳动的社会氛围产生积极影响，有利于提升全社会的劳动认同感。一方面，新时代劳动教育纠正了过去一段时间劳动教育存在的问题。通过开展新时代劳动教育让学生在劳动实践中深刻感受到劳动成果的来之不易和劳动过程的艰辛，改变了部分学生不珍惜劳动果实的错误观念，有利于在广大青少年学生中树立起正确的劳动观和劳动价值观，为他们以后走向社会筑牢了劳动认同感。另一方面，新时代劳动教育的开展需要社会、家庭和学校三方合力，为学生搭建起多元的劳动教育实践平台，这不仅增强了劳动教育的实践效果，而且也潜移默化地影响了受教育者周边的社会成员，让他们也有机会参与到劳动教育中，对改变"不劳而获""一夜暴富"等错误思想有积极作用，提升了整个社会对劳动的认同感。

（2）新时代劳动教育利于社会形成勤劳的氛围

在2015年召开的全国劳动模范表彰大会上，习近平再次重申了"劳动最光荣"的理想信念，这是时隔多年以后重新召开的全国劳动模范表彰大会，是对当代社会劳动者的最高嘉奖，是劳动价值和意义的最全面体现。一方面，"劳动最光荣"作为劳动价值观教育的基本内涵，是新时代劳动教育必须贯穿的价值理念，大力开展新时代劳动教育将其作为培育社会勤劳意识的良好切入点，在校园内外大力宣传劳动典型和劳动模范，潜移默化的在社会中形成勤劳的社会氛围。另一方面，党的十八大以来党和政府不断深化制度改革，充分发展和保障了劳动者的利益，在全社会加强了对劳动和劳动者的价值认同，用改革给予了普通人勤奋劳动的动力和自觉。随着《关于加强中小学劳动教育的意见》《关于全面加强新时代大中小学劳动教育的意见》等一系列劳动教育政策的出台，也从教育层面肯定了劳动和劳动者的崇高价值，在学生中筑牢了劳动最光荣、最崇高、最美丽、最伟大的价值观基石，推动社会形成勤劳的氛围。

2. 为培养民族复兴时代新人增添了新举措

党的十九大报告中明确提出了"要以培养担当民族复兴大任的时代新人为着眼点"的任务要求，这是从新时代中国特色社会主义事业发展全局出发，对我国教育事业做出的重大战略要求。在全国教育大会上，"六个下功夫"明确成为了培养担当民族复兴大任时代新人的方法论，开展新时代劳动教育可以充分发挥劳动教育的综合育人价值，让学生在劳动教育中增强品德修养和综合素质，这充分迎合了"六个下功夫"的实践要求，为了培养民族复兴大任时代新人增添了新举措。

（1）劳动教育是培养时代新人的重要载体

劳动教育是促进学生全面发展的重要途径。在激烈的国际竞争中实现中华民族的伟大复兴注定不是一条坦途，这对承担民族复兴大任的时代新人提出了更高的要求，可以预想到他们一定是综合素质全面提升、德智体美劳全面发展的人。因为只有这样他们才有能力、有信心承担起时代和国家交给的重任，才能在未来激烈的国际竞争中使中华民族屹立于不败之地。充分发挥劳动教育的综合育人优势，在劳动教育中培养学生的劳动技能，提高道德观念、审美情趣和人文素养，推动学生德智体美的素质全面提升，将劳动教育作为提升学生综合素质、促进学生全面发展的重要载体，有利于学生更好地成长为承担民族复兴大任的时代新人。

劳动教育推动社会主义核心价值观在学生中传播。社会主义核心价值观是时代新人必须遵从的基本价值观念，是筑牢时代新人理想信念的思想基石。新时代劳动教育就要在学生中树立正确的劳动价值观念，让学生能够以诚实、勤劳和创造的劳动态度对待劳动，在某种程度上这与社会主义核心价值观的基本理念相一致，开展新时代劳动教育有利于促进社会主义核心价值观在学生中的传播。同时开展新时代劳动教育，要注重与思想政治教育课的结合，在思政课中讲好中国人民光辉的劳动创业史，让学生深刻感悟到劳动创造幸福的生活真谛，加深对马克思主义劳动价值观的理解，因此必须用好劳动教育这个重要载体，为培养时代新人提供有力支持。

（2）劳动教育是实现民族复兴的题中之义

"始终坚持把服务中华民族伟大复兴作为教育事业的伟大使命"这是在对我国教育事业发展规律性认识的基础上对我国教育事业发展使命的准确定位。回顾新中国成立70多年以来我国教育事业的发展历史，劳动教育作为党和国家长期坚持的教育方针在我国教育史上留下了浓墨重彩的一笔，劳动教育是对教育与生产劳动相结合这一马克思主义教育学基本原理的继承，为新中国的建设和发展提供了宝贵的人力资源的支持。劳动教育有着辉煌的过去，也必然昭示着光明的未来。新时代劳动教育思想就是立足新时代背景，应我国教育事业发展要求而产生的，从根本上服务于中华民族伟大复兴这个核心主题。中华民族所具有的勤劳朴实、诚实勇敢、锐意创新的民族品格是实现中华民族伟大复兴的重要保证，也是辛勤劳动、诚实劳动、创造性劳动等新时代劳动教育目标的本质溯源。不忘初心，方得始终，开展新时代劳动教育是对社会主义教育事业的继承发展，更是引领我们实现民族复兴的题中之义。

3. 为新时代劳动教育工作提供了根本遵循

习近平在全国教育大会上的讲话为开展新时代劳动教育工作举旗定向，使劳动教育这一中国特色社会主义教育制度的重要内容重新焕发出勃勃生机，这是总书记从中国特色社会主义教育事业发展全局对劳动教育进行了准确定位和价值重识，针对一些青少年学生中存在的客观问题对劳动教育提出了一系列新要求、新判断，这成为了开展新时代劳动教育工作提供了根本遵循。

（1）新时代教育劳动教育工作者的行动指南

新时代劳动教育工作者回归"初心"。劳动教育作为中国特色社会主义教育制度的一项重要内容，为培养合格的社会主义建设者和接班人做出了重大贡献，对于学生增强劳动技能和养成正确的劳动观念有着至关重要的作用，这是劳动教育和劳动教育工作者必须坚持的"初心"。一方面，新时代劳动教育是对教育与生产劳动相结合这一教育方针的继承和发展，是针对当前部分学生存在的不会劳动、不爱劳动等问题提出的，是为了扭转劳动教育工作中存在的形式化、惩戒化和娱乐化的现象而产生的。这是党中央着眼于教育事业发展全局对劳动教育提出的重大要求，改变了劳动教育育人价值一定程度上被疏忽的问题，使劳动教育摆脱了被弱化、淡化的困境，使劳动教育工作者进一步认识到了劳动教育对于学生全面发展的重大价值，回归到育人的"初心"。另一方面，马克思基于唯物史观指出了劳动的重大价值，从劳动中揭示了剩余价值的奥秘，预见并指出了劳动对人全面发展的重要作用，其中所蕴含的马克思主义劳动价值观和劳动观是新时代劳动教育的理论源头。新时代劳动教育工作者必须牢记并坚持新时代劳动教育的理论源头，在劳动教育工作中努力使学生理解并形成马克思主义的劳动观和劳动价值观，彰显新时代劳动教育工作者的理论"初心"。

新时代劳动教育工作者的评价标准。习近平在全国教育大会上对教育工作提出了"九个坚持""九个要"的重大要求，这是基于我国教育事业发展历史的规律性总结，是统筹今后我国教育事业发展的总抓手和总原则。新时代劳动教育作为中国特色社会主义教育事业的重要组成部分，劳动教育工作者要贯彻"九个坚持"、"九个要"的核心精神，服务于中国特色社会主义教育事业发展大局，在具体工作上要将习近平对劳动教育的要求和是否真正树立起学生正确的劳动观、劳动价值观作为衡量和评价工作的重要标准。一方面，劳动教育工作者有了正确的评价标准才能纠正劳动教育存在的形式化、惩戒化和娱乐化问题，让劳动教育发挥在"在创造亲知知识、个人知识、实践智慧、道德品质等方面独特而巨大的作用。"另一方面，新时代劳动教育工作者有了正确的评价标准和方向指引，加之一系列相关政策意见的出台为开展新时代劳动教育提供了具体指向和保障机制，这有利于教育工作者重塑劳动教育的核心内涵，唤醒学生心底对劳动的热爱，扎实开展劳动教育这一重要教育内容，适应新时代中国特色社会主义教育发展的实际要求。

（2）新时代劳动教育工作的构建核心

新时代劳动教育工作的关键内容。一方面，新时代劳动教育作为一种素质教育必须要注重对学生基本劳动素质的培养，为培养社会主义劳动者奠定坚实的基础。新时代劳动教育要贯彻新时代劳动教育思想，要紧紧围绕劳动和劳动观这两个核心要素，以培养学生正确劳动态度和劳动意识为主要目标构建劳动教育内容，积极利用多方资源为开展新时代劳动教育搭建平台，让学生在劳动教育的过程中提升对劳动的深层次认知，通过劳动教育推动德智体美要素渐进性成长，为实现学生全面发展构建桥梁。另一方面，新时代劳动教育思想为开展当代大中小学生劳动教育提供了有效路径。《关于全面加强新时代大中小学劳动教育的意见》等一系列有关文件的出台为开展新时代劳动教育工作提供了指导，针对大中小学生开展劳动教育，必须认识到增强学生的劳动意识和劳动素质是一个渐进的过程。必须根据学生的阶段性特点，有机结合相关课程，全方位融入劳动教育内容，推动劳动教育课程走深走实，让不同年龄段的学生分别实现体验劳动、认识劳动和理解劳动的递进，将劳动最光荣、劳动最崇高、劳动最伟大、劳动最美丽的道理深深的扎根在学生个人成长的全过程之中，将劳动教育落到实处。

新时代劳动教育工作的目标之一是唤醒学生的劳动自觉。人类因劳动得以生存和延续，也正因为劳动实现了人猿相揖别，劳动作为人类的自由属性理应得到发扬，劳动的重要价值值得代代铭记。但是在当前很多学生中存在不会劳动、不爱劳动和不珍惜劳动果实等问题，社会上也存在不劳而获、一夜暴富等不良心理，这本质就是漠视劳动和劳动价值的表现。贯彻新时代劳动教育思想，开展新时代劳动教育就是应现实所需，纠正和改善劳动价值观淡化的问题，通过劳动教育逐步唤醒学生的劳动自觉。根据学生的不同年龄特点和身体发育情况安排劳动实践，让学生在劳动中实现手脑并用，强化学生的劳动体验感，并且不断夯实马克思主义的劳动观和劳动价值观，这对于增强学生的劳动技能，培养担当民族复兴大任的时代新人有着重要意义。

第四节　新时代学生劳动精神培育

一、新时代学生劳动精神培育概述

（一）相关概念的内涵

正确把握新时代的内涵有利于更好地把握劳动精神的含义，并结合新时代的特殊背景加强对学生劳动精神的培育。离开新时代的背景来研究学生劳动精神的培育将失去意义。

在理解劳动的内涵时，我们要把握以下几点：第一，劳动作为一种实践活动，形式主要有体力劳动和脑力劳动。第二，劳动是人通过社会实践，改造自然、社会和人自身的过程。第三，劳动的最终目的是实现人的自由从而全面发展。因此，劳动的概念应该是与时俱进，且能够体现出时代特征的。我们要在新时代的语境下把握劳动的新概念。

劳动是使猿变成人的决定力量，是人类赖以生存、发展的决定力量。人的全部活动都是劳动，劳动是人类赖以生存和发展的首要前提。劳动使人类从自然界中独立出来，也是人类生产生活方式和自然界区分开来的标志。劳动创造了人类，劳动创建了人类生活，劳动创设了社会关系，劳动创就了美。可见，劳动是人的本质力量彰显，是人之所以为人的重要特征。从某种意义上说，劳动创造了人，没有劳动，也就没有人。

马克思主义劳动观是马克思主义唯物史观的核心内容。马克思主义劳动观包括劳动是人类历史发展的前提、劳动是形成价值的唯一源泉、人民群众是物质财富同时也是精神财富的创造者等。新时代培育劳动精神离不开马克思主义劳动观的指导。马克思指出，劳动、生产是人的根本活动，是人类社会和历史的基础。

了解了劳动的内涵，我们再来看看"精神"和"劳动精神"的内涵。"精神"，我们常把它理解成人的意识或者人的一般心理状态。学术界对"精神"的解释大致可分为两种。一种是指由人脑产生的对客观事物的反映，是各种感觉、思维等心理活动的总和。另一种则是指人们在社会实践中所反映出来的一种稳定的、深层次的状态，是人的意识、思维活动和一般心理状态，也指人所表现出来的活力和活跃、有生气的状态。

劳动精神主要指人们对于劳动的热爱态度以及劳动者在劳动过程中体现出来的精神状态、精神面貌、精神品质。它是人们关于劳动的思想意识和心理状态的总括，是每一位劳动者为创造美好生活而秉持的劳动态度、劳动理念及其展现出的劳动精神风貌。对于该概念，我们要着重把握以下几点：第一，劳动精神是劳动的本质属性，是对普通劳动者工作状态的基本要求，是人们在劳动过程中所表现出来的一种积极状态。第二，劳动精神是中国精神的一部分，是新时代学生应该具备的精神品质。第三，弘扬劳动精神，就是要弘扬劳动光荣、劳动伟大的劳动理念；爱岗敬业、争创一流的劳动态度；淡泊名利、甘于奉献的劳动品德；艰苦奋斗、勇于创新的劳动习惯；珍惜劳动、尊重劳动的劳动情怀。第四，要把劳动精神与劳模精神和工匠精神相区分，劳模精神是工人阶级伟大品格的具体体现。工匠精神是一种钻研技能、精益求精、敬业担当的职业精神。它们的共同点都是广大劳动群众在从事社会生产的劳动实践中锤炼出来的，是工人阶级和广大劳动群众宝贵的精神财富。

劳动精神的培育是学生成长成才的必要途径，具有树德、增智、强体、育美的综合育人价值。对学生进行劳动精神的培育是为了让他们不仅仅只知道学习书本上的文化知识，还要有计划和有目的地组织他们参加日常生活劳动、生产劳动和服务性劳动，让学生亲自动手去实践、通过出力流汗，接受各方面的锻炼，从而磨炼自身的意志力，培养正确的劳动价值观和良好的劳动品质，最终形成一种可贵的劳动精神，这种精神可以引领新时代的学生更好地为建设社会主义做出应有的贡献，并最终能够助推我们中华民族伟大复兴中国梦的实现。

由此可见，劳动精神非但没有过时，相反，在新时代背景下，劳动精神被赋予了新的时代内涵。社会主义是干出来的，新时代也是干出来的，因此要大力弘扬劳动精神，做新时代的奋斗者。学生作为新时代的弄潮儿，更应该传承好劳动精神，努力学习，主动把握劳动精神新的时代内涵，做到爱国奉献、尊重劳动、热爱劳动，以劳树德、以劳增智、以劳强体、以劳育美，更好地使自身成长为德智体美劳全面发展的社会主义建设者和接班人，为中华民族伟大复兴中国梦的实现贡献出自己的一份力量。

新时代学生劳动精神培育是指在习近平新时代中国特色社会主义思想的指导下，以塑造学生劳动观念、端正学生劳动态度、树立学生劳动品德、培养学生劳动习惯、培育学生劳动情怀等为主要内容，旨在提升学生的劳动素质，促进学生德智体美劳全面发展的教育活动。新时代劳动精神培育主要针对的对象是学生，他们正在接受高等教育，还未毕业走进社会，可塑性很强。只有引导学生从本质上关注劳动、认同劳动、参与劳动，才能使他们在劳动中增长见识、收获成长。

（二）培育新时代学生劳动精神的重要性和必要性

劳动精神的培育对一个人的发展很重要，对一个国家的发展也极其重要。在新时代培育学生的劳动精神能够促进学生德智体美劳的全面发展，劳动精神的培育能够为学生综合素质的提升提供必要的前提条件。劳动精神于学生而言是一种不容忽视的宝贵精神品质，是一种可贵的精神力量，是中国精神的精髓和要义。对于高校来讲，劳动精神的培育能够为立德树人根本任务的实现提供重要的精神支撑。高校的根本任务在于立德树人，要始终不忘立德树人的初心和使命。劳动精神的培育有利于培养出具有更高道德素质的人才，从而促进高校育人目标的实现。对于国家而言，劳动精神的培育能够培养出更多具备良好身体素质的人才致力于祖国的社会主义现代化建设，有利于社会主义现代化强国目标的早日实现。总之，劳动精神的培育不论是对于学生自身，还是对于高校和国家来讲，都具有不可忽视的重要作用。因此，在新时代的背景下，要大力加强学生劳动精神的培育，发挥劳动精神强大的鼓舞作用。

1. 促进学生全面发展的必然要求

2018年9月10日，习近平在全国教育大会上的讲话中指出，教育是国之大计、党之大计，培养什么样的人是教育的首要问题，要努力构建德智体美劳全面发展的教育体系。培养德智体美劳全面发展的社会主义事业的建设者和接班人是新时代教育的根本任务。对于学生而言，人的全面发展的必然要求就是德智体美劳的和谐发展。劳动精神的培育是高校德育、智育、体育、美育的重要内容。我们强调"德智体美劳"的全面发展，恰恰反映出长期以来忽视"劳育"的问题，凸显了"劳"对于学生全面发展的重要意义。

新时代是一个全新的时代，人才培养目标也相应地发生了变化。新时代要加强对学生劳动精神的培育，把他们锻造成德智体美劳全面发展的人才。劳动精神的培育使学生能够不断培养自身的综合素质，使自身越来越接近全面型人才的目标。要以劳育促进德育智育体育美育。首先，以劳树德。劳动精神的培育可以使学生锤炼优良品质，养成尊重劳动的可贵品德。其次，以劳增智。劳动精神的培育不仅能锻炼学生的生活技能，培养学生的创新精神和动手能力，而且能促进学生的智力开发。再次，以劳强体。劳动精神的培育能够使学生具备顽强的意志力和坚韧不拔的毅力，使学生拥有强健的体魄和健康的内心。最后，以劳育美。劳动精神的培育有利于促进学生树立"劳动最光荣、劳动最崇高、劳动最伟大、劳动最美丽"的劳动观念，让学生在劳动的过程中主动发现美、体验美、鉴赏美、创造美，从而有利于提高学生的审美能力和审美情趣。就学生的健康成长成才而言，德智体美劳五个方面缺一不可，哪一个方面缺少了，都不能称之为一个全面发展的人。因此，加强对学生劳动精神的培育刻不容缓。

2. 落实高校立德树人根本任务的必然要求

立德树人是高校的立身之本。高等教育的主要功能包括人才培养、科学研究、社会服务、文化传承创新、国际交流与合作，其中人才培养是核心。党的十八大以来，习近平多次发表关于落实立德树人问题的讲话。在全国教育大会上，他强调高校要在坚定理想信念、厚植爱国主义情怀、加强品德修养、增长知识见识、培养奋斗精神、增强综合素质六个方面下功夫，明确了新时代如何落实立德树人的根本任务，如何把立德树人作为中心环节。而这一任务的完成离不开劳动精神的培育。第一，坚定理想信念，就要加强劳动价值观的教育，使学生树立正确的劳动观念，并且有信心用劳动托起中国梦；第二，要加强劳动态度培育，教育学生热爱劳动，对劳动采取正确的态度，不要轻视体力劳动，将一切劳动一视同仁；第三，要培养学生养成良好的劳动品德，尊重劳动和劳动者，珍惜劳动者的劳动成果，自身要注重劳动品德的塑造，成为拥有高尚劳动品德的人；第四，增长知识见识，尤其是劳动相关的知识，使学生了解劳动的相关法律法规，增强劳动素质，拓宽知识面；第五，培养奋斗精神，需要学生发挥勤奋刻苦的宝贵品质，加强劳动实践锻炼，用奋斗书写青春华章。第六，增强综合素质，发挥劳动的综合育人功能。其中尤其要注意对学生的德育，以德为先，使学生真正成为全面发展的高素质人才。

高校的根本任务是立德树人。对学生进行劳动精神的培育，有利于高校更好达成立德树人的根本任务。一个热爱劳动的人，很大程度上会是一个注重自己品德培养的人。在对学生进行德育的过程中，劳动精神的培育起着重要作用。可以使学生养成良好的劳动习惯，磨炼劳动的意志，锤炼劳动的品格。高校在对学生进行立德树人的教育过程中，要积极引导他们认识新时代进行劳动精神培育的重要性，这对于学生自身，对于高校，对于整个民族意义都很重大。要使学生养成良好的劳动品德，强调劳动具有的价值，要学生不仅自身需树立劳动精神，形成尊重劳动，崇尚劳动的价值观，养成自觉劳动的习惯，还要积极弘扬劳动精神，助力中华民族伟大复兴中国梦的实现。

3. 实现中华民族伟大复兴中国梦的客观需要

新时代弘扬劳动精神是实现中华民族伟大复兴中国梦的客观需要。中国梦是国家的梦、民族的梦，也是每一个中国人的梦。中华民族伟大复兴中国梦的实现离不开千千万万劳动者的共同努力，尤其是当代学生的重要贡献。必须练就一支爱劳动、能劳动、会劳动的劳动者大军。新时代加强劳动精神的培育，既能引导学生勤奋学习科学文化知识，从而具备较高的劳动素质，又能教育学生坚定理想信念，培育高尚的劳动情怀。要以劳动托起中国梦。富强、民主、文明、和谐、美丽的社会主义现代化强国梦的实现，不是敲锣打鼓，一下两下就能实现的，必须要靠劳动，靠劳动者的辛勤劳动，进行诚实劳动和创造性劳动。中华民族伟大复兴的中国梦的实现是一个漫长的过程，学生作为推动这个梦想实现的主要力量，必然要练就强健的体魄。身体是革命的本钱，通过参加劳动，可以锻炼学生的身体，使他们以更加饱满的姿态，更加昂扬的斗志，致力于中国梦的实现。

新时代需要新型劳动者。所谓新型劳动者，是指具备扎实的专业知识和专业能力、拥有较强的学习能力和感悟能力、具备较强的创新能力、较好的人际沟通能力和社会关系处理能力等品质的新时代劳动者，同时还要具备强烈的社会意识和社会责任感、脑中装有扎实的科学文化知识、确立终身学习的意识、善于抓住新事物、新概念、新技术的敏锐洞察能力、能够自主选择，并且要有善于质疑的精神等。新时代需要的劳动者要求很高，并且随着社会的不断进步，对劳动者提出的要求还在不断地提高。学生作为社会主义现代化建设的生力军，走在时代的前面，更加需要顺应时代需求，不断提升自身的素质和能力，使自身具备新时代需要的劳动者的应有素质。因此，要不断加强对学生劳动精神的培育，帮助他们具备这些素质，成为社会真正需要的新型人才。

劳动精神是时代精神的重要组成部分，在时代精神中具有不容忽视的重要作用。新时代应该大力弘扬学生的劳动精神，让学生更好地引领劳动精神，弘扬劳动精神，传承劳动精神，将这一伟大的时代精神发扬光大。

二、新时代学生劳动精神培育的路径优化

针对目前劳动精神存在的一系列问题，国家、学校、社会、家庭、学生自身应该采取相应的措施。处于新时代，要大力加强对学生劳动精神的培育，激发学生勤劳奋进的精神，不断增强自身的劳动观念，塑造劳动品德，培养劳动能力，使学生以饱满的精神面貌投身于社会主义现代化建设中，为中华民族伟大复兴中国梦的实现贡献出自己的一份力量。

（一）强调党和国家在学生劳动精神培育中的顶层设计

1. 政策引领

在新的时代条件下培育和弘扬劳动精神，政府应采取有效举措加强引导，抓紧制定出台加强劳动精神培育的政策措施。一是尽快修订《教育法》，突出德智体美劳全面发展的培养目标；二是加强劳动教育管理工作的组织机构；三是加强劳动技术教育师资队伍建设；四是研究制定劳动技术教育发展规划。建议在国家教育课程体系中将劳动教育作为一个独立学科，列为必修课。努力构建贯通小学、初中、高中、大学的劳动技术教育课程体系，加强内容有机衔接，保持课程的连续性。小学阶段可侧重加强劳动意识培养，建立劳动观念，掌握基本的劳动技能。初中高中大学阶段则可以劳动精神培育为主，加强动手实践课程，环环相扣、层层递进把劳动精神的培育开展得越来越好。

教育部高度重视劳动教育，目前正在按照总书记的重要讲话精神着力构建德智体美劳全面培养的教育体系。根据当前劳动教育的实际情况，要进一步强化劳动教育课时保障，在综合实践课程中明确劳动教育课时的比重。要适应当前环境，从实际出发统筹好家庭劳动、学校劳动和社会劳动，形成推动劳动教育的合力。要加强保障条件

建设，加大设施设备和经费投入。要完善促进劳动教育的体制机制，建立完善评价体系，把劳动教育开展情况作为落实党的教育方针的重要内容，纳入学校办学水平评价指标、学生综合素质评价内容，不断推动劳动教育规范化、常态化发展，在立德树人中发挥更重要的作用。培育学生的劳动精神不是一项简单的工作，它需要结合学生身心发展的规律，制定一个较为完备的培育体系，根据学生的学习水平，安排不同的教学内容，使学生得到熏陶。要全面加强劳动精神培育的顶层设计，加快出台高校劳动精神培育的相关政策文件，并加快文件的落实。有了政策做导向，劳动精神的培育才有方向。

2. 制度保障

要把立德树人融入思想道德教育、文化知识教育、社会实践教育各环节，贯穿了基础教育、职业教育、高等教育各领域。应该把德智体美劳全面发展的教育理念纳入到国家的法律体系中，通过法律文件的落实，为劳动教育的贯彻实施提供制度保障。在2019年2月教育部印发的2019年工作要点中指出，要大力加强劳动教育，修订教育法，将"劳"纳入其中。由此可见，教育部越来越重视对学生的劳动教育。"德智体美劳"本应是培养学生全面发展的一个五维目标。但是现在这五个维度被减少到四个维度，即"德智体美"，有的甚至是三个维度，即"德智体"。仅仅拥有"德智体"的学生，缺少了"美"和"劳"，将不是全面发展的人。

3. 资源整合

对于劳动精神的培育，国家要充分利用社会各方面的资源。党和政府部门要积极协调和引导各类社会组织主动履行社会责任，拓宽学生参与社会实践的场所，支持学校组织学生参加力所能及的生产劳动、参与新型服务性劳动，使学生和千千万万的普通劳动者一起经历劳动的过程。鼓励高新企业为学生提供新的劳动机会。群团组织要组织动员各类社会力量，支持学生参加志愿服务，开展公益劳动。在这些活动中培养自身的劳动精神。

（二）突出学校在学生劳动精神培育中的主导功能

高校肩负着培育时代新人的职责使命，是青年学生劳动教育的重要阵地。是传播知识的殿堂和人才培育的摇篮，应该在培育学生的劳动精神方面担负起更多的职责，为新时代中国特色社会主义社会事业培养更多的合格人才。学校要发挥劳动精神培育的关键作用，明确劳动精神的培育主体，拓宽劳动精神的培育平台，丰富劳动精神的培育内容，创新劳动精神的培育形式。学校对学生的教育不应该仅仅局限于课本知识的教学，而是应该引导学生进行综合发展，即在德智体美劳各方面得到全面发展。大学里开设劳动课程，主要是引导学生有参与劳动的意识，要知道，真正的劳动存在于我们日常生活中的点点滴滴。劳动对于我们每一个人来说，都是人生必修的一门课程，片刻都不能荒废。我们要加强新时代学生劳动精神的培育，让劳动精神存在于人人心中，并主动弘扬劳动精神，使其在社会上蔚然成风。

为此教育工作者必须要转变传统的教育理念，合理引导学生树立正确的劳动价值观；要积极营造有助于劳动精神培育的校园环境。要知道校园环境对于学生的成长成才具有重要的意义。高校要积极开展各类丰富多彩的校园活动，通过这些活动弘扬劳动精神，激发学生热爱劳动的积极性和热情，最终使劳动精神在学生心里开花，结出累累硕果。要加强对社会正能量的宣传，通过宣传选取学生身边的劳动模范和先进事迹，传颂好人好事，让学生打心底认识到劳动的重要性，使得在全校形成人人热爱劳动，人人乐于劳动，人人忠于劳动，最终具有高尚劳动精神的校园文化氛围，使劳动精神在校园里蔚然成风。

1. 明确劳动精神培育主体

中共中央国务院《关于全面加强新时代大中小学劳动教育的意见》中指出的：学校要切实承担劳动教育的主体责任，明确实施机构和人员，开齐开足劳动教育课程，不得挤占、挪用劳动实践时间。根据学生身体发育情况，科学设计课内外劳动项目，采取灵活多样的形式，激发学生劳动的内在需求和动力。统筹安排课内外时间。组织实施好劳动周，高等学校要组织学生走向社会、以校外劳动锻炼为主。基于此，学校首先要明确劳动精神的培育主体。所有高校教师都承担着学生劳动精神培育的职责和使命，思政课教师、辅导员和班主任更是责无旁贷。思政课教师应该在课堂上融入劳动精神培育的相关内容。辅导员和班主任在学生的日常管理过程中要注重对学生进行劳动精神的培育。

2. 拓宽劳动精神培育平台

劳动精神的培育平台可以而且应该多样化。目前看来，高校进行劳动教育的平台还相对较少，不能完全满足学生的需要。高校应该一改传统的教学模式，围绕学生的实际特点开展差异化的教学，依托网络等平台构建以学生为中心的劳动精神培育模式。例如让学生参与社会志愿服务活动、参加校园环境卫生打扫等，可以利用"两微一端"等新媒体，通过音乐、视频、漫画等多种学生喜闻乐见的方式传播好劳动精神，特别是善于运用身边劳动模范的故事感染学生，提升学生对劳动和劳动精神的理解，并进一步主动弘扬劳动精神。

3. 丰富劳动精神培育内容

要注重细节培养，着重培育学生的劳动精神。应加强劳动主题教育，弘扬劳动精神，开展劳动相关宣传与教育工作。要根据学生现阶段的特点开设劳动教育课程。每学年可以设置劳动周活动，给学生创造劳动机会，让学生有更多的劳动机会锻炼自己。劳动周的具体时间可由高校根据需要统一安排，既可以安排在每学期内，也可选择性地安排在寒暑假进行社会实践活动。建议多采取集体性劳动的方式，这样可以使学生们相互学习，相互鼓励，体会集体劳动的乐趣。劳动是美丽的，劳动的人更是美丽的。

根据调查发现，目前开设了劳动课程的往往以思政课的方式进行，而且劳动教育的内容往往比较陈旧，这样必然难以达到新时代培育学生劳动精神的要求。针对劳动精神培育的重要性和必要性，有条件的可以设置专门的劳动课程，并且将劳动教学纳入到整个教学考核体系中。同时，还必须要改变传统课程设置的方法，将劳动课程设置为校内外活动结合的课程，将社会实践活动纳入到劳动教育体系中，进而依靠体系增强学生的劳动精神，激发他们积极参与劳动实践的积极性。学生劳动精神的培育要根据当前学生的实际特点、教育教学开展情况和生理心理发展需求进行，要使学生真正明白劳动精神的特定内涵，搞清楚劳动精神所包含的具体内容。学校要有多组织、集中地开展服务于生活的简单体力劳动、教学社会实践、社会公益活动等，并吸引学生参加，使他们在力所能及的劳动实践活动中体验劳动、掌握劳动的基本技能、享受参与劳动的过程、领悟劳动创造价值的深刻内涵，从而激发学生的责任和担当意识，从而有利于达到对学生进行德智体美劳教育的目的，从而真正达到教育的实效。

4. 创新劳动精神培育形式

学校要不断优化劳动精神的教学内容，创新教育教学的形式。培育劳动精神的形式可以是多种多样的，除了传统的课堂教学以外，还应综合运用多种方式开展劳动精神的培育。高校在开展劳动教育时要不拘一格，围绕学生的实际特点来开展差异化的教学。例如高校可以利用新媒体，通过多种形式，讲好有关劳动的故事，有关劳动模范的故事，提升学生对劳动和"劳动精神"的理解程度和对于劳动人民的亲切感。尤其是要利用好身边的真实案例，以情动人。运用身边优秀劳动模范的先进事迹影响和感染学生。如邀请他们到大学来做公益讲座，讲述自己身上发生的真实案例，让学生有更直观的感受，仿佛跟主人公一起经历了相同的事情，更容易引起他们的共鸣。除此之外，学校还要善于利用校内外的各类资源，比如校内的学生组织，学生会，学生社团，借助他们的力量发展丰富多彩的校园活动，提高学生的参与度。要加强校企合作，利用校外实践基地和教育基地对学生开展劳动教育。高校定期带领学生参与到劳动过程中，使他们亲身体味劳动，感怀劳动，明白劳动的难能可贵，珍惜劳动得来的一切，并且学会传承劳动文化，弘扬劳动精神。劳动形式的创新有利于学生更积极的参与劳动，尤其是95后，00后的学生，他们接触了很多新事物，传统的劳动教育方式已经不太适应于他们了。在新时代的今天，劳动教育的方式可以并且应该多样化，劳动精神的培育方式有待进一步的创新，高校应当对这个问题引起重视，劳动教育不容忽视。

（三）重视社会在学生劳动精神培育中的环境影响

社会在学生劳动精神的培育过程中，应尽力发挥好必要的支持作用。社会虽说不是学生劳动精神培育的主体，但可以为学生劳动精神的培育提供必要的条件支撑，比如调动各方面的社会资源，为学生参与劳动实践提供场所。哪些机构可以起到作用呢？诸如，利用政府部门的力量，协调学校、企业、公司、工厂、家庭农场之间的合作，调动他们互动的积极性，互帮互助，这些机构或单位为高校提供实践场所，学校为这些机构输出大量人才，这样就能实现共赢。

1. 为学校组织劳动实践提供场所

社会可以为学生劳动精神的培育提供外力支持，比如为学校组织劳动实践活动提供场所。如果仅仅依靠校内力量，难以达到对学生劳动精神的全方位培育，必须要依靠社会力量进行综合培育，才能达到实践育人，协同育人的最终目的。社会各界力量应该支持学校组织学生参加他们力所能及的生产实践活动，参加一些新时代的新型劳动，让他们在参与劳动的过程中体味劳动的艰辛，知道劳动过程的不易，这样在他们日后的工作中能够正视工作过程中遇到的困难，并运用当时劳动的那份激情勇敢地克服它们。这种体验对于学生们是十分难得的，也是十分必要的。因此，社会可以为劳动精神的培育提供必要的场所，支持学校为学生开展实践教学活动，更好地培养新时代学生的劳动精神。

2. 为学生劳动实践提供技术支持

社会除了能为学生劳动精神的培育提供必要的场所，还可以提供一定的技术支持。比如有的学校没有相关的技术，但有些社会机构具备，这个时候就应该加强校企合作，互通有无。尤其是一些高新企业可以为学生们体验现代高科技提供服务。对于一些学习智能制造专业的学生，如果有机会接触最前沿的发明，更有利于激发他们的想象力和创造力。他们可以体验到劳动的最新形态，体会劳动的新方式。尤其是在新时代，每天都有一些新奇事物的出现，如果学生们能够从这些实践活动中找到灵感，这无疑比他们天天钻在实验室里埋头做实验来得有趣得多，也不会使他们成为一个个书呆子。通过社会提供技术支持，高校才能有更多的方式培养和锻炼学生的劳动能力。

3. 鼓励学生参加志愿服务活动

社会的向前推进，离不开每个人的奉献，社会上的一些福利组织为学生开展无偿劳动做出了很好的表率。学校的共青团应该积极组织学生多参加一些公益性质的劳动，社会的福利组织也要主动为学生搭建相关的劳动实践活动平台，带领学生深入到福利院、敬老院、孤儿院、残疾人活动中心等地参加志愿服务活动，开展一系列的公益劳动，参与社区的一些福利活动。多参加这些活动能够更好地培养学生的奉献意识，让学生体会劳动给他们带来的快乐。这种快乐是发自内心的，不同于其他的，俗话说得好，赠人玫瑰，手留余香。

（四）发挥家庭在学生劳动精神培育中的熏陶作用

家庭是孕育孩子的土壤，父母是孩子最好的老师。我们很小的时候就看过央视"妈妈洗脚"的这则广告，故事中的小朋友效仿着妈妈的行为传递着爱，告诉我们一个道理：父母是孩子最好的老师，言传不如身教。父母对孩子的影响可以说是终身的，在劳动精神的培育过程中，家庭的作用同样不可忽视。家庭是培养学生劳动精神的重要场地，必须重视营造优美的家庭环境，良好的家庭氛围，充分发挥家庭环境对学生劳动精神培育的熏陶作用。

比如作为家庭成员，每一个人都要养成自觉打扫卫生的良好习惯，不能将保洁的任务固定落到某一个家庭成员的身上。一家人都要主动清洁卫生，将物品摆放整齐，注意美化、绿化、亮化家庭环境，让家庭环境常看常新。营造干净舒适的家庭环境不仅有利于培养一家人的劳动观念，还有利于一家人互相体贴，相互尊重，使一家人都能保持心情舒畅，身心健康。

在最近，中共中央国务院发布的《关于全面加强新时代大中小学劳动教育的意见》中指出：家长们要注重抓住衣食住行等日常生活中的劳动实践机会，鼓励孩子自觉参与、自己动手，随时随地、坚持不懈地进行劳动，掌握洗衣做饭等必要的家务劳动技能。鼓励学生参与生活技能展示活动。学生参加家务劳动和掌握生活技能的情况要按年度记入学生综合素质档案。鼓励孩子利用节假日参加各种社会劳动。家庭要树立崇尚劳动的良好家风，家长要通过日常生活的言传身教、潜移默化，让孩子养成从小爱劳动的好习惯。该意见为家庭如何对孩子进行劳动教育指明了方向，也引导了家长如何更好地培育孩子的劳动精神，为孩子的成长助力！

1. 身先示范弘扬劳动精神

身教胜于言传。父母是孩子的启蒙老师，对孩子的行为具有潜移默化的作用。教育子女不是学校单方面的事情，家庭教育也是不可缺少的。在家庭教育中，父母应该起到带头的作用。

在家里，父母可以给孩子安排适当的家务劳动。这从教育的角度来讲，在一定程度上，能够培养孩子做事独立自主的意识，可以增强孩子对待人和事的责任感。从孩子身心健康的角度来说，做家务一方面可以帮助孩子保持清醒的头脑，通过劳动锻炼身体，强健自己的体魄。除了对身体有好处，另一方面，做家务还有利于孩子的心理健康。孩子在日常的紧张学习后，参加适当的体力劳动能够使他们的大脑得到一定程度的休息，保证他们有更充沛的精力和脑力，后续能更好地进行学习，这样学习效率才会更高。另外，让孩子参加适当的体力劳动，还能够锻炼孩子的逆境商，提高孩子对抗挫折的能力。这样他们在以后的学习和生活中就不会遇到一点点挫折就想到要放弃。劳动一定程度上可以磨炼他们的意志力，提高他们的受挫力。

言教不如身教，大人自己就应该发自内心的热爱劳动，在平时的工作和生活中，不能只是做孩子的指挥官，要学会给孩子做榜样，起好模范带头作用，帮助孩子培养良好的劳动习惯。只有让劳动的种子在每一个家庭当中生根发芽，劳动精神才能蔚然成风。只有每一个家庭都崇尚劳动、热爱劳动，才能使每个家庭更加幸福和美满，整个社会也才会因此而更加和谐，也更有利于促进中华民族伟大复兴中国梦的实现。

2. 创设条件培育劳动精神

家长应该尽可能的为孩子创设劳动条件，不要总是认为孩子的学习负担太重，没有时间参加劳动。这样的观点是不对的，劳动也是一种学习，而且通过劳动学到的东西是书本里面学不到的。父母应该把子女从事家务劳动当做对孩子勤劳节俭品德培养的一种方式。当孩子在家的时候可以每天安排一些家务活让孩子当做固定任务去完成。通过让孩子干一些家务活，培养他们热爱劳动、崇尚劳动的观念，使他们在这种观念的驱使下以一种积极乐观的态度开展劳动。可以通过制定适当的家规，对孩子的劳动行为进行引导。毋庸置疑，家长主动营造一定的客观环境有助于学生更好的培育和践行劳动精神。毕竟劳动精神的培育既需要主观条件，也需要客观条件。也只有主观和客观条件都具备了，学生才能更好地在劳动的过程中发光发热。

3. 巧用家风培育劳动精神

家长应该充分利用每次劳动的机会对孩子进行劳动精神的培育，培养孩子的劳动习惯，让孩子掌握一些必要的劳动技能，使他们树立起劳动光荣、劳动伟大的理念，培养他们勤劳俭朴的高尚品质。要想营造良好的劳动精神培育环境，家长必须与时俱进地转变劳动教育观念。不容否认，长期以来，在传统教育观念和升学竞争的现实压力下，多数家庭都只注重孩子的学习成绩，让孩子一心扑到学习上，其他事情一律帮忙包办，孩子只要读书学习就好，这也在很大程度上影响了孩子的观念。这显然是一种错误的教育方式，孩子参与劳动不仅不会耽搁学习，反而会让他懂得更多书本里没有的知识。这种将理论与实践结合的学习方式更有助于学生的健康成长，也更契合国家和社会需要的人才的目标。

家风纯正，家庭就能和谐美满，家道就会兴盛；家风不纯，必定会影响到家庭成员，甚至对社会造成影响。所以树立良好的家风，对于个人，家庭，社会以及国家都有重要的意义。家长要善于运用家族传下来的优良家风对学生进行劳动精神的培育。学生要主动继承和弘扬优良的家风，主动促进家庭成员的和谐，积极主动地推动新时代家庭文明建设，争创最美家庭。尤其是要继承家庭的劳动美德，弘扬热爱劳动的良好风气。

（五）学生要在劳动精神培育中发挥好自育作用

内因是基础，外因是条件，外因要通过内因才能起作用。要想培育学生的劳动精神，必须要发挥学生的自我培育作用。学生要树立正确的劳动观点，养成良好的劳动习惯，培养自身热爱劳动和热爱劳动人民的思想情感。同时还要具备遵守劳动纪律、爱护劳动工具和尊重劳动成果的优良品德。学生要树立科学的劳动理念，秉持正确的劳动态度，培育优良的劳动品德，养成良好的劳动习惯，塑造高尚的劳动情怀。学生综合自身进行自育，才能达到更好的培育效果。

1. 树立科学的劳动理念

劳动理念是指对于劳动的认识和看法。培育学生的劳动精神必须要依托高校优质的劳动教育资源，通过教师们的合理引导，让学生形成良好的劳动精神。学生劳动精神的自我培育首先要从劳动观念入手，学生必须要树立正确的劳动教育理念。劳动精神培育的关键之处是要让学生树立尊重劳动、热爱劳动、积极参与劳动的劳动意识。意识具有能动的反作用，对于人的行动具有一定的指导作用。理念具有先导性和前瞻性，正确的理念能够指导人们进行正确的活动，而科学的劳动理念能够指导学生进行正确的劳动行为。

2. 秉持正确的劳动态度

劳动态度是指劳动者对于劳动所持有的评价和行为倾向。学生要端正劳动态度，要明白不管从事哪个行业，每个劳动者都在以自己的方式为社会的进步做出自己的贡献。职位没有高低贵贱之分，平凡的岗位上也能创造辉煌。学生在未进入社会前要端正自己作为未来劳动者的态度，将来有一天自己走向工作岗位时，无论从事的是哪一份职业，都要自觉按照社会所要求的职业道德准则来规范自己在日常工作和生活中的行为。可以预知的是，秉持正确的劳动态度能够使学生在未来的职业生涯中更容易收获成功。学生要本着一份正确的劳动态度参与劳动，在劳动中发现快乐，挖掘劳动背后隐藏的价值，探寻劳动的奥秘，揭开劳动的神秘面纱。态度决定一切，正确的劳动态度能够使学生在实际劳动过程中不至于偏离航向。

3. 培育优良的劳动品德

劳动品德是指热爱劳动的优秀品德，学生良好劳动品德的养成有助于给他人留下良好的印象，有助于学生更好的参与劳动，有助于学生为今后的幸福生活创造美好条件。品德的力量是无穷的，一旦学生形成了优良的劳动品德，就能引导其正确的劳动行为，从而积极从事劳动。但需要了解的是，品德不是一天两天就能够形成的，必须要经过长期的劳动实践才能塑造出来。而且一个人的劳动品德一旦形成了，将具有稳定性的特征，它能够反映出一个人的整体道德素质，影响人的后续发展。劳动品德作用于劳动行为，使劳动具有正确的价值和意义。因此要注重学生劳动品德的培育，使学生在劳动的过程中修炼自身德行，完善自身的素质，体现高尚的人格。

4. 养成良好的劳动习惯

劳动习惯是指一个人长期劳动形成的一种身体的本能。劳动习惯具有相对的稳定性。俗语说，习惯成自然。良好的劳动习惯能够使学生在日常的生活中将劳动看作一种自然的行为，而不是被动发生的行为。人要想成就优良的学业和辉煌的事业，拥有一段幸福且美好的精彩人生，必须养成良好的学习、工作和生活习惯。往往那些优秀的人，多半是拥有良好学习和生活习惯的人。良好劳动习惯的养成，有助于培养吃苦耐劳的劳动精神。要知道，一个人要想获得成功，不仅需要有远大的理想和伟大的志向，丰富的知识和扎实的技能，更重要的是，还需要有脚踏实地、吃苦耐劳的劳动精神。良好的劳动习惯教育对一个人的成长和成才具有不可忽视的重要作用，因此学生要注重自身良好劳动习惯的习得，让良好劳动习惯贯穿自己生活的始与终。

5. 塑造高尚的劳动情怀

劳动情怀是指对于劳动的特殊情感。劳动情怀是建立在对劳动的正确认知基础上，并且经过长期的社会实践而形成的。通过调查可得，由于受到来自社会、家庭、学校的影响，一些学生还存在劳动情怀淡薄的现象，因此培育学生的劳动情怀，引导学生树立正确的劳动价值观刻不容缓。高校可以通过勤工助学、校园绿化、整理图书，以及设置助教、助管、助研、助理等岗位给予学生勤工俭学的机会，从而强化对学生劳动情怀的培育，以实现高校立德树人的根本任务。对于学生自身来说，要主动培养自身的劳动情怀，培养自身对于劳动的这份特殊的情感。劳动是我们人类特有的，是我们区分于其他动物的显著标志，我们有必要将劳动代代传承下去，形成一种热爱劳动的情怀。这种情怀一旦形成，就将具有持久的生命力，会指引着我们不断前进，依靠双手创造更加美好的明天！

第五章　素质教育背景下劳动的价值效应及其规律

第一节　劳动及其形式

劳动是人类区别于猿群的特征，是人类所独有的活动，是发生在人与自然界之间的活动，其实质是人通过有意识、有目的的活动调整和控制自然界，使之发生物质形态、性质、位置变化，为人类的生活和需要服务。劳动从最一般的本质和含义上说，是人类劳动力的耗费，是人的脑、肌肉、神经、手等的生产耗费。具体而言，劳动有如下形式：

一、体力劳动和脑力劳动

脑力劳动是人的脑力的耗费，自始至终与人的劳动相伴同行。人的活动总是有目的、有计划、有意识的活动，人的劳动总离不开脑力的耗费，即使是在原始渔猎经济和采集经济中的劳动也不例外。恩格斯在论及劳动在从猿到人转变过程中的作用时曾经深刻证明：手是劳动的产物，但"手并不是孤立的。它仅仅是整个极其复杂的机体的一个肢体。凡是有利于手的，也有利于手所服务的整个身体"。脚的直立行走，手的形成，语言的产生，猿的脑髓成为人的脑髓都是相互关联的，都是劳动的产物。如果说劳动创造了人包括人手、语言和大脑，同样劳动也离不开人手、语言和大脑，即劳动包括体力劳动和脑力劳动。

随着经济发展、社会进步，脑力劳动在人类劳动中所处的地位、所起的作用、所占的比例日益提高。首先，从单个人的劳动耗费情况看，人的劳动更加轻松，与体力劳动相联系的手和肌肉也在发生变化，人的皮肤更加细嫩、白皙，人的手更加修长、柔软，人的肌肉更加松弛、开始退化，甚至不得不借助体育锻炼来弥补体力劳动之不足。另一方面，对劳动者的知识要求却越来越高。这不仅表现在人们获得就业机会要求有更高的学历、专长和技能，也表现在现代社会中，脑力劳动者的地位不断上升。"劳心者治人，劳力者治于人"在观念上未必正确，却在一定意义上反映了客观现实。其次，从劳动力的构成变动情况来看，体力劳动者所占的比重在下降，脑力劳动者所占的比重在上升。种种迹象已经表明，人类社会已经开始进入知识经济时代。而知识经济是"以知识为基础的经济"，也就是以脑力劳动为基础的经济。

二、简单劳动和复杂劳动

简单劳动是没有任何专长的普通人的机体具有的简单劳动力的耗费。这里所说的"普通人"，从时间上说，是有史以来的"普通人"，从空间上说，是不分国别的"普通人"，也只有是这样的"普通人"的简单劳动，才可以进行历史的比较和国别的比较，才是可以"通约"的劳动。

那么复杂劳动是什么样的劳动呢？马克思指出"比较复杂的劳动只是自乘的或者不如说多倍的简单劳动，因此，少量的复杂劳动等于多量的简单劳动"。但这只是就复杂劳动和简单劳动的数量比较而言的。从本质上说，复杂劳动应当是有专长的特殊人的机体具有的复杂劳动力的耗费。也就是没有任何专长的劳动不是复杂劳动，"普通人"的劳动不是复杂劳动。

在理论和实践过程中，人们往往将简单劳动等同于体力劳动，将复杂劳动等同于脑力劳动。这种对应是不精确的。首先，脑力劳动和体力劳动、简单劳动和复杂劳动的分类标准不同。脑力劳动和体力劳动是从劳动耗费的器官来划分的，简单劳动和复杂劳动则是从劳动有无专长及其耗费的程度来划分的。脑力劳动和体力劳动都有简单和复杂之分，所以同样是体力劳动者或脑力劳动者，在相同的劳动时间里所创造的价值不同、所获得的经济收入不同的根本原因。其次，从历史发展的过程来看，人类劳动是循着由简单到复杂的轨迹演变的。相比较而言，原始劳动，不论是体力劳动、还是脑力劳动，都是简单劳动；现代劳动，不论是体力劳动、还是脑力劳动都是复杂劳动，不能也不应当将两者混为一谈。否则，我们就无法正确地理解和科学地解释现代劳动者为什么比古代劳动者和原始劳动者所获的收入高、所过的生活好。

三、生产物质产品的劳动和生产服务产品的劳动

亚当·斯密曾将劳动区别于两种形式：第一种劳动会生产商品，第二种劳动不生产任何商品，并分别以制造业工人的劳动和侍仆的劳动为例加以说明。实际上，制造业工人的劳动和侍仆的劳动之间的区别，不在于是否生产商品，而在于是否生产有形的物质产品。制造业工人的劳动最终会物质化、固定在一个有形的物质产品之中，因此，应称之为生产物质产品的劳动。相反，侍仆的劳动提供的只是一种服务，不会物质化，也不会固定在一个有形的物质产品之中，因此，应当称之为生产服务产品的劳动。

西方经济学根据产业结构演变的趋势，将产业部门划分为三次产业。第一次产业包括农业、畜牧业、林业、渔业，采矿与原材料业，煤与核燃料业，石油和天然气开

采业；第二次产业包括制造业、建筑业、电力、煤气和供水业；第三次产业包括销售业、旅馆业、餐馆业和修理业，运输和仓储业，邮政和电信业，金融、中介、不动产租赁和商业、物业管理、公共行政、国际和社会保障，教育、卫生和社会服务，其他服务，等等。如果说第一、第二次产业劳动者的劳动主要是生产有形的物质产品的劳动，那么第三次产业劳动者的劳动则主要是生产无形的服务产品的劳动。

长期以来，人们总是将服务排除在商品之外，认为服务业劳动者的劳动不生产商品，也不创造价值，在统计一国国民收入时轻率地将服务业排除在外，并认为这是马克思的主张。实际上，这是一个历史误会，也是一个历史误解。真正将服务排除在商品之外的是斯密，恰恰是马克思批判了亚当·斯密的这一观点。他指出："关于劳动的物质化等等，是不能像亚当·斯密理解这个问题的时候那样，用一个苏格兰人的方法去理解的。当我们在商品交换价值的意义上把商品当作劳动的体化物来说时，它本身不过是商品的一个想象的，也就是单纯社会的存在方式，和它的物质的现实性无关，它被认为是一定量的社会劳动或货币。商品当作结果的具体劳动，在商品上面可以不留下任何痕迹。"并强调"只要资本家还是商品的生产者，收入也就必须和那种只有用资本来生产和售卖的商品相交换，或和那种劳动相交换，那种劳动被人购买，和那些商品一样，是为了消费的目的，为了它的物质性质，为了它的使用价值，也就是为了它凭它的物质而对它的购买者和消费者提供的服务。对这种服务的生产者来说，所提供的服务就是商品"。他还举例说明："例如，一个演员，甚至一个滑稽表演家，如果他的劳动是为一个资本家（企业家）服务，会超出他在工资形式上从资本家手里得到的劳动，把更多的劳动还给资本家，他就是一个生产劳动者。"

事实上，在现实的经济生活中，服务业早已成为一个具有商品或市场属性的行业，服务也早就成了商品，不能也不应当将生产服务产品的劳动，排除在生产商品的创造价值的劳动之外。服务也是商品，服务劳动也能创造价值，生产服务产品的劳动也是生产商品的劳动。

四、重复劳动和创新劳动

现实生活中的大部分劳动，往往是周而复始采取同样的手段和方法，作用于同样的对象，凝结于同样的产品之中，这样的劳动，我们称之为重复劳动。这种劳动之所以存在，一方面在于社会分工体系的固化，劳动者长期限制在某一行业、某一职业或某一岗位上工作，如车工、铣工、钳工、电工等，使他们的劳动在一定程度上具有了重复性。另一方面在于社会需求变动中的稳定性。社会需求从长远来说是变动的，但在一定的时限内又是稳定的，为满足这种需求而耗费的劳动具有相对稳定性，并表现为重复劳动，车工长年累月加工同样的产品，农民年复一年耕作农田，诸如此类，均是重复劳动的典型形式。

创新劳动则是这样一种劳动，要么采取了新的手段和方法，或者作用于新的对象抑或凝结于新的产品之中。创新劳动是在重复劳动的基础上产生的。首先，是重复劳动经验积累会产生质的飞跃。人们长年累月从事重复劳动，随着经验的积累，熟能生巧，会发现新的方法，发明新的手段，如车床和农作工具及其使用方式的改进等。其次，是资源有限的驱使。任何一种经济资源都是稀缺的，任何一种劳动所作用的对象都是有限的，并最终会供不应求，这就驱使人们去寻求新的劳动对象，开发新的劳动资源。从人力→畜力→水力→电力→太阳能→风能等，明显勾画出了劳动对象创新的历史轨迹。最后，社会需求变动的推进。人的欲望是无止境的，社会需求是不断变动的，原有的需求满足了，又会产生新的需求，这是人类进步和社会前进的动力，满足新的需求就要有新的产品，就要运用新的手段和方法，就要付出创新劳动。

当然，重复劳动和创新劳动的区别是相对的，两者既区别又联系，创新劳动以重复劳动为基础，源于重复劳动，是重复劳动的质的飞跃；另一方面，创新劳动一旦扩散并定型化也会沦为重复劳动。

五、生产性劳动和非生产性劳动

从经济研究角度来看，不管哪种形式的劳动，归根到底要看它是否具有生产性，是否是生产性劳动，只有生产性劳动才具有经济意义和经济价值。而对生产劳动的认识，历来众说纷纭、莫衷一是。马克思的《剩余价值学说史》详细考察过关于生产劳动和非生产劳动的学说。在重商主义者看来，只有那些生产出口产品，以至和它所费的货币相比将带来更多货币的劳动，才是生产劳动；重农主义则认为，只有农业劳动才会创造剩余价值，才是生产劳动；斯密对生产劳动的认识，虽然前进了一大步，即从特殊部门的劳动发展为一般的劳动，但他总是把生产劳动等同于生产物质商品的劳动，以至于认为，只有生产物质商品，如机械工业的劳动，才是生产劳动，而不生产物质商品即服务的劳动不是生产劳动。实际上，劳动的物质性质，进而劳动产品的物质性质，就它本身来说，与生产劳动和非生产劳动的这个区别无关。从资本主义生产方式来看，生产劳动和非生产劳动的区别关键在于它能否给资本家创造剩余价值。这是马克思有关生产劳动所得出的最基本的结论。

生产劳动是一个历史范畴，在不同的历史阶段有不同的经济内含，反映着不同的经济关系。在自然经济中，劳动是为了满足劳动者自己的需要，生产劳动就是能生产满足自己需要的产品或服务的劳动。在简单商品经济或一般商品经济中，劳动是为了生产能交换的产品或服务，并通过交换更好地满足自己的需要，这时的生产劳动，则是能够生产满足他人需要的商品并能创造价值的劳动。在资本主义经济中，劳动力已经出卖给资本家，劳动是为资本家劳动，因此只有能给资本家生产剩余价值的劳动，才是生产劳动。

对生产劳动的认识，关键是从哪个层次来考察，从哪个角度来分析。如果我们仅仅从一般商品经济的层次和角度来分析问题，而不管这种商品经济姓"社"还是姓"资"，那么，这种情况下的生产劳动就是能够生产满足市场需要的商品并能创造价值的劳动。生产满足市场需要的商品是劳动成为生产劳动的前提，能够创造价值则是生产劳动的内在本质。

六、总体劳动和个体劳动

商品生产者的劳动从其内部结构和组织形式的历史发展和现实情况来考量，还可以区分为总体劳动和个体劳动两种形式。在原始社会末期，氏族和氏族以及部落和部落之间已经出现了商品交换，因此，在氏族或部落内部也就在一定程度上存在了商品生产。这种商品生产是通过氏族或部落成员的共同劳动完成的，在这种共同劳动中，单个成员的劳动是个体劳动，这些成员个体劳动共同协作相互联结形成的整体就成为总体劳动。随着社会分工、商品生产和商品交换的发展，一部分社会成员独立出来成为个体商品生产者，他既是经营者，也是劳动者；既是生产者，也是交换者；既是老板，也是员工。在这里，个体劳动就是总体劳动，总体劳动就是个体劳动。资本主义生产方式是市场经济发展的新阶段，它实际上"是在同一个资本同时雇佣较多工人，因而劳动过程扩大了自己的规模并提供了较大量的产品的时候才开始的"。"较多的工人在同一时间、同一空间（或者说同一劳动场所），为了生产同种商品，在同一资本家的指挥下工作，这在历史上和逻辑上都是资本主义生产的起点。"正是劳动的这种资本主义形式发展了个体劳动和总体劳动的矛盾。一方面，商品和价值是由总体劳动直接生产和创造的，作为总体劳动构成要素的个体劳动虽然是总体劳动的一个部分、一个阶段、一个环节，但它本身并不直接生产商品和创造价值；另一方面，生产商品和创造价值的总体劳动，又由许多个体劳动即单个工人的劳动共同协作和相互联系来构成，并始终离不开个体劳动。现代经济生活中的厂商或企业实质上就是个体劳动和总体劳动的有机整体。

现在的问题是，为什么单个劳动者的个体劳动要结合起来进行共同劳动？个体劳动为什么不直接生产商品、不直接创造价值，而要借助总体劳动这种方式来生产商品和价值呢？其经济动因和经济理由是什么呢？

首先，个体劳动结合为总体劳动创造了集体生产力。马克思曾举例说明："一个骑兵连的进攻力量或一个步兵团的抵抗力量，与单个骑兵分散展开的进攻力量的总和或单个步兵分散展开的抵抗力量的总和有本质的差别，同样单个劳动者的力量的机械总和，与许多人手同时共同完成同一不可分割的操作（如举重、转绞车、清除道路上的障碍物）所发挥的社会力量有本质的差别。"一吨重的东西，一个人举不起来，十个人必须竭尽全力才能举起来，而一百个人只要每个人用一只手就能举起来。这就是因为包括协作生产力、规模生产力、分工生产力在内的集体力。

其次，个体劳动结合为总体劳动节约了生产资料。"即使劳动方式不变，同时使用较多工人，也会在劳动过程的物质条件上引起革命。"这种"革命"是在个体劳动结合为总体劳动过程中通过共同消费生产资源实现的。"20个织布工人用20台织机劳动的房间必然比一个独立织布者带两个帮工做工的房间大得多。但是，建造一座容纳20个人的作坊比建造10座容纳两个人的作坊所耗费的劳动要少。"或者说，容纳许多人做工的厂房、储藏原料等的仓库、供许多人同时使用或交替使用的容器、工具、器具等，比许多人分别独立做工使用的厂房、仓库、容器、工具、器具的总和肯定要小。主要是共同使用减少了这些生产资料的闲置，提高了这些生产资料的使用效率。

最后，个体劳动结合为社会劳动推进了科技创新。许多工人在同一劳动过程中结合起来共同劳动，不仅形成了集体生产力，而且使结合成总体劳动力的单个个体劳动者有了相对固定的劳动岗位，不论这个岗位是总体劳动力的一个部分、一个环节，还是一个阶段，仅仅是结合本身就激发了个人的竞争心理、集中了他们的注意力和精力，加快了他们劳动经验的积累、劳动技能的培养和创新能力的提高。不仅如此，许多人在一起共同劳动也为总体劳动内部分工创造了条件、提供了机会，"各种操作不再由同一手工业者按照时间的先后顺序完成，而是分离开来，孤立起来，在空间上并列在一起，每一种操作分配给一个手工业者，全部操作由协作工人同时进行。"分工不仅创造了比协作更高的生产力，而且形成了专业技术和专业工具。正如马克思所言："工场手工业时期通过劳动工具适合于局部工人的专门的特殊职能，使劳动工具简化、改进和多样化。这样，工场手工业时期也就同时创造了机器的物质条件之一，因为机器就是由许多简单工具结合而成的。"可见，个体劳动结合为总体劳动，推进了劳动创新、技术创新，也推进了工具创新，从简单协作到工场手工业再到机器大生产的发展，都是在这种创新中实现的。

第二节　劳动变动的价值效应

劳动变动包括劳动数量变动、劳动效率变动和劳动配置变动三种情形，分析劳动变动的价值效应或劳动变动对价值量的影响，也应当分别从这三个角度展开。

一、绝对价值及其经济边界

在其他条件具备的前提下，劳动数量增加可以对应地增加价值量。这里所谓具备其他条件，一是指有增加劳动时间所需的生产资料，包括机器、厂房、工具、原料、燃料和辅助材料等。生产资料是从事劳动的手段、对象和条件等，现实的劳动不论是体力劳动还是脑力劳动,都是以一定的生产资料为前提的,离开生产资料的劳动无异于对着空气打拳,是不可能生产商品,也不可能创造价值的。二是指这种劳动是社会必要劳动。一方面它始终具有社会平均性质,即这种劳动是使用社会正常生产资料、具有社会平均的熟练程度和强度的劳动。另一方面,这种劳动是社会必要的劳动,生产的商品符合社会需求、得到市场认可。因此,这种劳动的价值率即社会必要劳动时间和个别劳动时间的比率为1,并始终不变。

在价值率为1的前提下,价值量与个别劳动耗费成正比例,即个别劳动数量增加,价值量将按同样比例增加。由劳动数量绝对增加而增加的价值,我们可以称之为绝对价值。

如果以社会必要的时间即价值量 Au 为横轴,以个别劳动时间 a 为纵轴,以 Au′ 为价值率,我们可以得到劳动时间增加价值的几何图像,见图5-1。

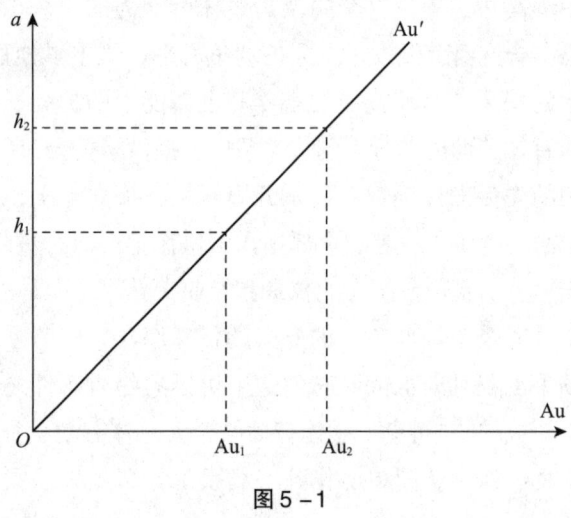

图5-1

图中的 Au′ 是一条从原点出发,成45°夹角向右倾斜向上的直线,说明价值率为1,h_1h_2 是增加的劳动时间,Au_1Au_2 是劳动时间增加后增加的价值量,两者相等说明价值的增加与个别劳动时间的增加成正比例。如果上述条件始终不变,价值量始终随劳动时间的增加而按同一比例增加,价值最大化的约束就是劳动时间的约束。

但是,价值率始终为1的假设并不现实。首先,任何一个商品生产者所能够占有、使用的生产资料数量都是有限的。随着劳动数量的增加,追加劳动所能使用的生产资料越来越少,追加个别劳动使用的生产资料数量将低于社会正常的数量,追加劳动的个别效率趋于下降,单位商品耗费的个别劳动时间超过社会必要劳动时间,价值率将趋于下降,价值增加的幅度将越来越小于个别劳动增加的幅度。当边际劳动所能使用的生产资料为零时,再增加劳动,除了增加消耗外,将一无所获。其次,随着劳动数量的增加,特别是劳动人数的增加和生产规模的扩大,劳动协作、分工和管理的难度也会增大，如果由此引起劳动组织和工艺混乱，以至于引起个别劳动效率边际递减，甚至低于社会平均劳动生产率，那么，它的价值率就会递减甚至小于1。最后，单个商品生产者的个别劳动也不会总是具有社会平均性质、总是社会必要劳动、总符合社会需求和总得到社会认可。由于劳动者主观素质不同，个别劳动的熟练程度也好，强度也好，都有可能高于或低于社会平均的熟练程度和强度。在一定经济条件和经济发展水平上，社会对每种商品的需求总是一定的，如果个别商品生产者无限制地增加劳动数量，不仅有可能导致边际效率下降，而且有可能引起生产过剩、供过于求，从而降低价值率。

既然价值率是可变的，价值率线就不可能总是一条与纵横两轴成45°夹角的直线，图5–2描绘了价值率递减情况下的价值率线以及由此决定的个别劳动投入量的价值产出效应。

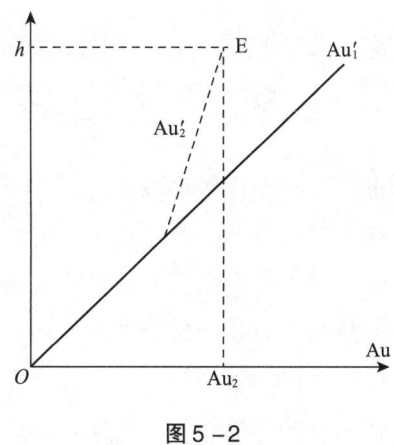

图 5–2

图中的 Au'_1 二是原来的价值率线，Au'_2 是生产资料数量不变时追加劳动的价值率线，其形状是一条渐渐偏离原价值率线向上弯曲并最终与纵轴并行的曲线，曲线向上弯曲偏离价值率线，说明价值率下降，弯曲说明边际价值率下降，最后与纵轴平行，说明边际价值率等于零，由曲线转为与纵轴平行线的拐点 E 的垂直点 Au'_2 是价值创造的最大点，与 E 相对应的 h 点，是劳动数量增加的极点，超过这一点，增加劳动不能增加任何价值。劳动增量的价值效应说明，价值与社会必要劳动时间成正比，不等于价值量与个别劳动时间成正比，个别劳动投入增加最终会受有限生产资料的约束，而降低其价值率并趋向于零。因此，劳动增量的价值效应是递减的。

据此，可以得出如下结论：

第一，价值量与社会必要劳动时间成正比，不等于价值量与个别劳动时间成正比。价值量要与个别劳动时间成正比，只有在个别劳动时间等于社会必要劳动时间即价值率为1的前提下才有可能。

第二，个别商品生产者受所支配的生产资料数量有限制约，即使他原来生产某种商品的个别劳动时间等于社会必要劳动时间，但随着个别劳动数量的增加，个别劳动所能使用的生产资料越来越少，生产单位商品所耗费的个别劳动时间将越来越多，其价值率将趋于下降并小于1。

第三，单个商品生产者个别劳动时间的价值率下降，必然导致增加个别劳动数量所带来的价值增量减少，当个别劳动增量带来的价值增量趋向于零时，增加个别劳动数量不可能增加价值，价值量不可能与个别劳动时间成正比。

可见，价值量与个别劳动时间成正比是有条件、受制约的。这也正是现实的商品生产者并不总是把增加劳动数量作为增加价值量的方法，有时甚至减少用工人员、缩短劳动者的劳动时间的根本原因所在。

二、相对价值及其实现条件

既然价值率是可变的，劳动数量增加带来的价值增量即绝对价值是有限的，以价值最大化为目的的商品生产者必然选择新的价值增量方法，提高劳动效率就是办法之一。

在劳动数量不变的前提下，商品生产者可以通过改善个别劳动条件、提高个别技术水平和个别劳动生产率，从而通过降低生产单位商品的个别劳动时间、提高个别劳动的价值率来增加价值量。由于这一价值增量是在个别劳动时间不变的前提下，通过提高个别劳动生产率，从而提高个别劳动的价值率，使同量个别劳动能够生产相对较多的价值产生的，故这种价值可以称之为相对价值。这一点我们可以用一个假设的例子来说明：假定社会生产一辆某种品牌汽车的价值或社会必要劳动时间为1000小时，原来某商品生产者生产一辆这种品牌的汽车所耗的个别劳动也是1000小时，则价值率为1。现在提高了个别劳动生产率，生产一辆这种品牌的汽车只需个别劳动800小时，则其价值率=1000小时社会必要劳动/800小时个别劳动=1.25。也就是说，只需耗费800小时个别劳动，就能生产相当于1000小时社会必要劳动的价值，即800小时个别劳动时间×1.25价值率=1000小时社会必要劳动。或者说，耗费1000小时个别劳动，就能生产相当于1250小时社会必要劳动的价值，即1000小时个别劳动×1.25价值率=1250小时社会必要劳动的价值。

单个商品生产者提高个别劳动生产率和价值率，从而减少生产单位商品所耗费的个别劳动时间，不管其结果是使个别劳动时间等于、高于或低于社会必要劳动时间，对它来说，都是价值率的提高和价值量的增加，都创造了相对价值。

如果它原来生产1单位商品的个别劳动时间小于社会必要劳动时间，价值率大于1，劳动生产率提高后，必然进一步扩大个别劳动时间低于社会必要劳动时间的差距，进一步提高价值率，从而获得更多的相对价值，见图5-3。

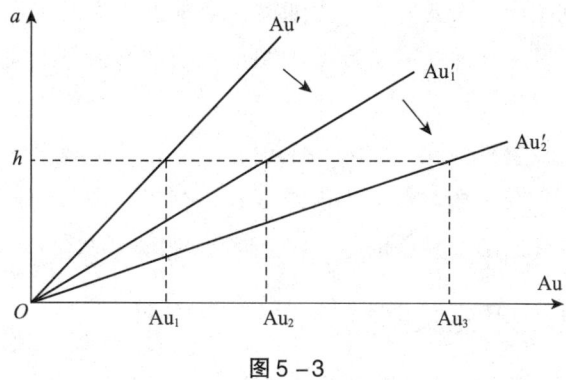

图 5-3

图中的 Au' 为正常的价值率线，Au'_1 二是该商品生产者原来的价值率线，Au'_2 是劳动生产率提高后的价值率线，Au'_1、Au'_2 是该商品生产原来可获得的相对价值，Au'_2 是劳动生产率提高后获得的相对价值。

如果它原来生产1单位商品的个别劳动时间大于社会必要劳动时间，价值创造率小于1，劳动生产率提高必然缩小个别劳动时间高于社会必要劳动时间的差距，提高价值率，即使提高后的价值率仍然小于1，在劳动时间不变的条件下，也可以增加价值。见图5-4。图中的 Au'_1 代表原来的价值率线，Au'_2 代表现在的价值率线，Au'_1、Au'_2 代表劳动生产率提高从而价值率提高增加的价值。

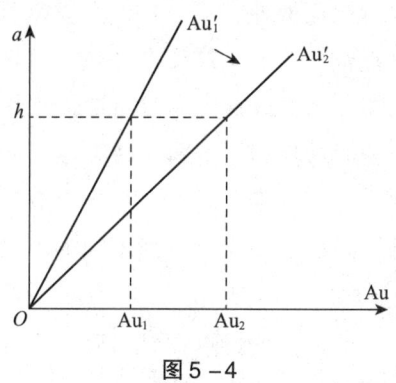

图 5-4

由此可见，从单个商品生产者来看，价值量不仅不会与个别劳动生产率成反比，而且会成正比，那些有利于提高个别劳动生产率的因素，也就是提高个别劳动价值率的因素，就是增加其劳动所能创造的价值量的因素。这些因素包括构成总体劳动的每个工人的劳动强度、熟练程度、劳动经验、劳动技巧；总体劳动过程的分工协作、社会结合、组织形式；科学技术及其在工艺上的应用；生产资料的规模和效能；以及自然条件等。因此，对于单个商品生产者来说，价值量也间接地是生产资料和科学技术的函数。

但是，提高劳动效率增加价值的分析，隐含着一个前提，即在个别劳动生产率提高的同时，社会劳动生产率不变。正因为如此，个别劳动生产率提高，能降低个别劳动时间、提高价值率。这样即使劳动数量不变也能增加价值量。实际上，正如个别劳动生产率可以提高一样，社会劳动生产率也可以提高，社会生产单位商品平均必要的劳动时间也会变短。在这种情况下，如果个别劳动生产率与社会劳动生产率同时按同一比例提高，价值率不变，相对价值不能形成；只有当个别劳动生产率提高的幅度高于社会劳动生产率提高的幅度时，价值率才会提高，相对价值才会产生。

三、配置价值的产生及路径

我们在分析绝对价值和相对价值时，一直假定单个商品生产者总是生产某种产品，如汽车或上衣。因此，他在生产汽车或上衣的过程中无论是增加劳动时间、还是提高劳动效率，总会受到诸多因素限制，有时生产要素供应紧张或价格上涨；有时规模扩大，管理难度增大或成本上升；有时社会需求发生变化，这种商品的市场需求萎缩，产品供过于求。凡此种种，都有可能使这种劳动变化带来的价值增量边际递减，甚至趋向于零。也就是说，在这种情况下，不论是增加劳动数量，还是提高劳动效率，都不能增加价值。

当然，始终以价值最大化为目的的商品生产者不会作茧自缚、吊死在一棵树上，不断寻求新的增值和获利机会是每个商品生产者的本能和天性。

实际上，商品生产者的生产可能性，不会是一个固定不变的点，而是由一系列产品和产品组合构成的生产可能性曲线。生产汽车的机器厂房设备甚至原料、燃料、辅助材料等，未必只能生产汽车，稍加改造完全有可能用来生产其他机械产品，即使只能生产汽车，也可以用来生产不同款式、不同品牌和不同品种的汽车。同样，汽车工人的劳动也有很强的适应性，既有岗位调整的可能，也有工种调整的可能。同样的生产要素可以生产不同的产品，同样的产品可以由不同的生产要素生产，决定了商品生产者生产的多种可能性。

商品生产者有多种生产可能性，他可以而且能够生产各种不同产品，但他生产不同产品的价值率受主观条件和客观因素影响有高低之分。一方面，受社会客观条件制约，他所生产的不同商品会有不同的社会必要劳动时间，从而会有不同的价值量；另一方面，受他自己的主观条件限制，他生产不同商品所耗费的个别劳动时间也不相同。因此，他生产不同商品的社会必要劳动时间和个别劳动时间的比率也不相同，用同量劳动生产不同产品可能有不同的价值收益，或者说，生产同量价值要耗费不同的个别劳动量。

因此，商品生产者可以在生产可能性曲线上，通过放弃生产价值率低的产品，选择生产价值率高的产品而增加价值。由于这种价值增加是在劳动时间、劳动效率不变的条件下，通过劳动的优化配置实现的，故可称之为配置价值，见图5-5。

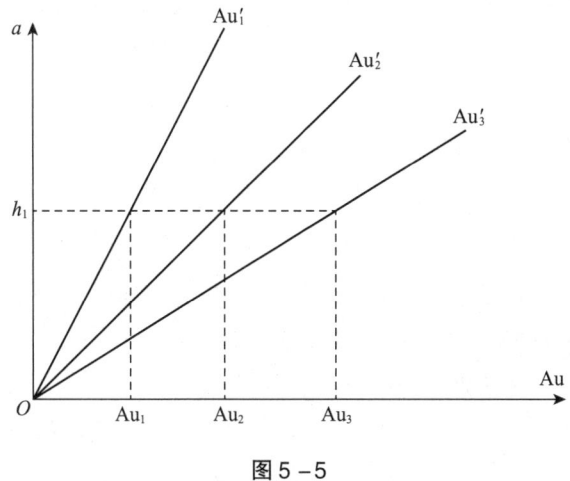

图 5-5

图中的 Au'_1、Au'_2、Au'_3 是某商品生产者可以生产的三种产品的价值率线，h 是不变的劳动时间，OAu'_1、OAu'_2、OAu'_3 是它用同量的劳动生产不同产品所能创造的价值的三种可能性，当该商品生产者放弃 Au'_1 产品，生产 Au'_2 产品时，同量劳动可以创造的价值增加 Au'_1、当它又放弃 Au'_2 产品生产 Au'_3 产品时，同量劳动又可增加 Au_2。

显然，商品生产者在自己的生产可能性曲面内，放弃价值率低的产品，选择价值率高的产品，就有可能实现个别劳动创造价值的最大化。不仅如此，由于单个商品生产者为了获得同量价值可以有多种产品选择，且生产不同产品所消耗的个别劳动量又不一致，因此，他也可以通过放弃那些个别劳动消耗高的产品，选择那些个别劳动消耗低的产品，而在价值效果不变的前提下，降低成本，提高经济效益。在这里，我们实际上看到了企业内部决策、协调、管理等的价值效应。

综上所述，从单个商品生产者的价值生产来看，价值量不仅是个别劳动量的函数，而且是个别劳动效率和个别劳动配置的函数。在其他条件具备的情况下，增加劳动量、提高劳动效率、优化劳动配置，可以增加价值量。当然不管是绝对价值，还是相对价值和配置价值，本质上都是以劳动为源泉的，它们都是劳动创造价值的不同方法。尤其值得注意的是，我们对劳动创造价值上述方式的研究及其结论，始终蕴含了一系列假设条件，尽管这些假设对分析问题、追索规律必不可少，但由此得出的结论未免抽象。更完善、更适用于实际操作的理论模式，将在逐步放弃这些假设的基础上形成。

第三节 劳动和闲暇的选择

劳动是价值的唯源泉，并不意味着商品生产者只是单纯劳动的工具和创造价值的机器，不论从生活来看，还是就经济而言，任何人都不可能只劳动而没有闲暇，或只有闲暇而不劳动，终结工作和取消闲暇永远都是想象的乌托邦。社会实际上总是处在劳动和闲暇的矛盾运动之中，不是要么劳动、要么闲暇两个极端的选择，而是在劳动和闲暇之间孰多孰少如何配置的权衡。

一、闲暇的含义和特点

从纯粹语义学意义上说，闲暇是指人们不需要工作和没有事情要做、可以悠然消闲的时间过程。但人们没有"必须做的事情"的时间，并不是"不做事情"的时间。准确地说，闲暇是人们在参加或完成了社会规定的劳动和一定的家务劳动之外完全由个人自由支配的空闲时间，是不被生产劳动吸收而用于娱乐和休息，是为劳动者的自由活动和发展开辟广阔天地的空余时间，是劳动者用于消费产品和用于从事自由活动的时间。也就是说，人们在闲暇时间中所从事的一切自由活动，就是闲暇活动。杜马泽德曾给闲暇下了一个定义："所谓闲暇，就是当个人从工作岗位、家庭、社会所赋予的义务中解放出来的时候，为了休息，为了散心，或者为了培养并无利害关系的知识和能力，自发地投身社会，发挥自由的创造力而完全随意进行的活动的总体，是个人没有必须做的事情因而最感到自由和最能表现个性特点的时间。"根据以上对闲暇含义的界定，我们可以发现闲暇的自由性、个人性、情感性三个基本特性。

闲暇是与劳动相对应的社会经济范畴。劳动不论是社会劳动，还是家庭劳动，都是社会分工和家庭分工的结果，都具有一定的社会他律性和强制性，都不是那么自由的。马克思、恩格斯指出："当分工一出现之后，每个人就有了自己一定的特殊的活动范围，这个范围是强加于他的，他不能超过这个范围：他是一个猎人、渔夫或牧人，或者是一个批判的批判者，只要他不想失去生活资料，他就始终应该是这样的人。""社会活动的这种固定化，我们本身的产物聚合为一种统治我们的、不受我们控制的、与我们愿望背道而驰的并且把我们的打算化为乌有的物质力量，这是过去历史发展的主要因素之一。"而闲暇则使人们从社会和家庭所赋予的义务和责任中解脱出来．不再需要扮演老板与员工、领导与群众、厂商与顾客等社会角色和妻子与丈夫、父母与子女、长辈和晚辈等家庭角色，也不再需要承担相应的义务和责任。在闲暇时间里，人们的思想是自由的、行为是自主的、活动是自发的、心态是自在的，天性可以得到自由的发散和挥洒，个性可以得到最大程度的释放和张扬，身心可以得到最好的补偿和休养，使人们在劳动生产过程中消耗的体力和脑力得到恢复和补偿，其自由性是家庭劳动和社会劳动所不能比拟的。

分工是劳动、工作社会化的结果。在社会劳动中，人们的劳动总是处于一定分工系统中的不同个人的劳动，这种劳动构成了一个相互联系、相互制约、相互影响的社会共同活动整体，是社会总体劳动的构成因子。在家庭劳动中，人们作为家庭的一员，其劳动也是家庭劳动这个集合体中不可分割的组成部分。因此，人们在社会和家庭中的劳动都是一种集体性的活动、社会性的行为。在这种集体性的劳动和社会性的行为中，个体都必须超出纯私人性的愿望和意志，遵循群体活动所形成和约定的纪律、程序和规则，保持与群体规范的一致性、统一性，即自觉遵守国法、厂纪、家规。在这里，个人性必须服从集体性和社会性。相反，闲暇则为个体对社会劳动和家庭劳动所要求的集体性、社会性规约的反叛和从中解放出来提供了可能。

人是有感情的动物。人在社会劳动和家庭劳动中总伴随着友情、亲情、爱情，有些社会角色和家庭角色甚至具有鲜明的情感色彩，如慈善、公益、社工等。但从总体上看，人的社会分工和职业角色更主要的是蕴含和体现了一种客观的社会性的要求，它更多地涉及人的理性、义务和责任，更多地具有一种他律和强迫的性质。因此，这种情感实际上是理性的情感、职业的情感、角色的情感，或者说是一种社会性情感，而不是人的自由的、个性化的情感。严格地说，人们在社会劳动和家庭劳动中所要求和所应当体现和实现的情感，往往是对个人情感的抑制和扬弃。而在闲暇生活中，人们的情感需求有可能挣脱社会的羁绊、道德的枷锁和伦理的束缚，获得最大程度的释放，得到最大程度的满足。人们可以按照自己的兴趣、爱好和需要，脱下理性的厚靴，步入情感的伊甸园。在情感的伊甸园里，精神自由、洒脱、放松，彰显着自然的皈依、生命的意义、健康的活力、幸福的价值和创造的机会，这恰恰是劳动的本真，或者说，是劳动的最终归宿和生命母体，也是人自身全面发展的条件和路径。

二、闲暇的经济价值

有关闲暇意义和价值的论述，我们可以追索到久远的历史、丰富的文献。在西方，亚里士多德的《政治学》就把闲暇视为重要的，甚至高尚的概念，它的含义并不是无所事事，纯粹玩乐，而是一种自由的、有意义的活动。在中国，也有人把敬德修业与休闲游乐结合起来，主张"藏、修、息、游"，强调"读万卷书，行万里路"。这些思想实际上都可视为近代启蒙主义思想家洛克、斯宾塞等的"闲暇教育论"的思想来源。但闲暇的意义和价值绝不仅仅是社会学和教育学上的，更重要的是经济学上的。马克思历来认为，经济就是节约。节约从广义上来说，既是物质资料的节约，更是活劳动时间的节约，归根到底都是劳动时间的节约。而节约劳动时间等于增加闲暇时间或自由时间。正是闲暇时间和自由时间的增加，才使个人得到充分发展的时间，而个人的充分发展又作为最大的生产力反作用于劳动生产率。在这里，马克思把自由时间的增加、人的充分发展和劳动生产率的发展密切联系起来，揭示了闲暇时间对人和社会发展的意义、对劳动生产率和经济发展的意义。不仅如此，马克思还肯定"财富就是可以自由支配的时间"是一个"精彩的命题"，并断言"自由时间，可以支配的时间，就是财富本身"。归纳上述观点，我们不难领悟，闲暇至少有如下价值：

第一，闲暇是劳动创造价值的必要条件。劳动是劳动力的消费和使用，作为价值唯一源泉的劳动要永不枯竭，就要持续地再生产出劳动力。劳动力或劳动能力，只是作为活的个体的能力而存在，每当人生产某种使用价值时就运用的体力和智力的总和。因此，劳动力的生产要以活的个体的存在为前提，并以这个个体本身的再生产或维持为基础。活的个体要维持自己，需要有一定量的生活资料，以补偿劳动力的消耗，使劳动者能恢复自己的体力和脑力，使劳动者像任何活的个体一样，依靠繁殖使自己永远延续下去。不仅如此，劳动力的再生产和维持还要改变一般的人的本性，即要通过教育或训练使其获得一定劳动部门的技能和技巧，成为发达的和专门的劳动力也要有一定的休息时间，以恢复体力和劳动能力。机器的金属材料和零构件在交变载荷重复作用下受循环应力或循环应变影响尚且会出现疲劳破坏，作为活的有机体的人的劳动力如果无休止地耗费更会出现"过劳死"。显然，劳动者消除疲劳和恢复体力、脑力，不仅要消耗一定的生活资料，而且要有闲暇时间。这也是通过绝对延长劳动时间创造的绝对价值总是有限、通过提高劳动生产力在不增加甚至减少劳动时间的情况下创造相对价值愈益重要的原因之一。

第二，闲暇是提高劳动价值率的重要手段。劳动是价值的唯一源泉并不意味着价值量总能与单个劳动者劳动时间的延长成正比例。即使进行劳动所需的物质条件都具备，个别劳动的效率也会随劳动时间延长而出现边际递减趋势。边际生产效率递减是德国经济学家杜能首先提出、美国经济学家克拉克加以发展的经济学范畴。这一范畴揭示了如下规律：当劳动量不变而资本（生产资料）相继增加时，每增加一个单位资本所生产的产量或价值依次递减，即资本的边际生产率递减；同样，当资本不变而劳动量相继增加时，每增加一个单位劳动所生产的产量或价值也会依次递减，即劳动的边际生产率递减。从客观因素看，导致劳动边际生产率下降的原因，在于单个劳动者所能支配和使用的生产资料是有限的，随着劳动时间延长，他所能支配和使用的生产资料会越来越少，劳动的生产率也就会越来越低。从主观方面看，在于单个劳动者劳动效率与劳动者劳动的兴趣、热情、精力密切相关。一般来说，劳动时间越短，劳动者的劳动兴趣越大、热情越高、精力越旺盛，劳动的生产效率就会越高；相反，劳动时间越长，劳动者的劳动兴趣则越小、热情越低、精力越衰退，劳动的生产效率就会越低。从这个意义上说，适当增加单个劳动者的闲暇时间，相应缩短其劳动时间，可以保持其劳动精力、提高其劳动兴趣、激发其劳动热情，提高其单位劳动时间的生产效率。而提高个别劳动生产率在其他情况不变的条件下将提高个别劳动的价值率，进而提高单位劳动时间创造的价值量。

第三，闲暇是人类财富的特殊形态。闲暇并非只是为了更好地劳动，闲暇的价值也不是单纯体现在它对劳动生产力发展所具有的促进作用上。从更深层次和更广范围来看，闲暇就是财富，闲暇是衡量经济价值的重要标尺。马克思认为"偷窃他人的劳动时间"对于我们的财富计算而言是一个蹩脚的依据,我们应该用闲暇时间而不是工作时间来测算财富。他根据当时的一些资料,认为"一个国家只有在劳动6小时而不是12小时的时候,才是真正富裕的"。原因之一在于,闲暇时间的增加,往往是以劳动效率的提高,从而单位劳动时间所创造的物质财富和使用价值增加为前提的。正因为如此,一个国家为生产满足社会需要的物质财富的劳动时间的缩短和闲暇时间的增加,既是社会劳动生产率提高的结果,也是同量劳动相较过去而言所创造的物质财富增加的表现。或者说,一个真正富裕的国家和社会,是以较少的社会劳动时间生产较多满足社会需要的物质财富的国家和社会,从而也是拥有更多闲暇时间的国家和社会。原因之二在于,正是由于社会闲暇时间的增加,与闲暇相适应的产业、企业和业态也兴旺发达起来,这就创造出了与物质财富既相联系又有区别的闲暇财富。

三、劳动和闲暇的均衡

闲暇与劳动是一枚硬币的两面。劳动是神圣的,劳动创造价值;闲暇是宝贵的,闲暇就是财富。闲暇是劳动的条件,劳动是闲暇的基础。现实经济生活的抉择,实际上是在劳动和闲暇之间寻求最佳均衡点以实现两者最优配置的抉择。

西方微观经济学通常用劳动闲暇模型解决劳动和闲暇的抉择问题。他们认为劳动的报酬是工资,而工资又是闲暇的机会成本。当工资上升时,人们一方面会倾向于增加劳动供给,用劳动来代替闲暇,这是高工资给人们的激励,被称为替代效应;另一方面,工资上涨,人们每小时所得的劳动报酬就会相应增加,同样的劳动时间人们有了更多的钱,又会倾向于减少劳动供给去享受更多的闲暇,被称为收入效应。人们就是在这两种效应的博弈中实现着劳动和闲暇的抉择和最优配置。

这一看起来颇有几分道理的模型,仔细分析起来还是存在几处问题。从决策主体来看,究竟是劳动者、还是厂商,界定不是很清楚,而不同主体在决策过程中需要考虑和会考虑的因素并不完全一致,最终作出的决策也会大相径庭。例如,劳动者也许会随工资变动调整劳动和闲暇的构成比例,而资本所有者面对工资变动的反应则是调整资本和劳动的构成比例。从决策的依据来看,单纯考虑工资在劳动和闲暇中的作用,即使仅仅从经济的角度而言也是不完全的,劳动者选择劳动还是闲暇,除了工资因素外,职级升迁、个人成长等往往也是重要的决策考量,何况工资是劳动力价值的货币表现,有实际工资和名义工资之分,很容易产生货币幻觉。从决策的方法看,即使排除货币幻觉,仅以工资作为唯一考虑因素,我们需要进一步解决的也不只是工资变动对劳动和闲暇的影响,而是什么样的工资水平才能使劳动者的劳动和闲暇处于均衡状态,以及如何才能实现劳动和闲暇的最优配置。

基于这样的考虑,我们暂且假定劳动和闲暇的决策主体均为生产财富的价值收益全部归自己所有的劳动者,排除资本所有者的影响和干扰,而从事劳动的直接目的是创造尽可能多的价值收益，且价值收益直接表现为凝结在商品中的社会必要劳动时间，以消除工资带来的货币幻觉和物价变动带来的影响。这样，劳动者在劳动和闲暇之间的抉择和配置，也就可以以劳动和闲暇为自变量，价值收益为因变量，分析三者之间的函数关系及变动趋势，从中确立最优配置准则。

价值是劳动的产物，价值也是劳动的凝结。在其他因素不变的情况下，价值收益与劳动量成正比例，即劳动量增加，价值收益量增加；劳动量减少，价值收益量减少。而闲暇是劳动的反面，人的时间有限，增一分劳动，少一分闲暇；增一分闲暇，少一分劳动。因此，一般来说，价值收益同劳动成正比，而与闲暇成反比。但如果进一步考虑劳动和闲暇的相互作用，上述结论必须修正。

首先，假定劳动者的所有时间均为劳动时间，休闲时间为零。在这种情况下，劳动者的绝对劳动时间增加了，似乎其创造的价值和获得的收入也应当相应增加。但实际情况是，劳动者全部时间都用于劳动并不必然增加其劳动所创造的价值收益。相反，因其所有时间都成为了劳动时间，就会缺乏必要的休闲时间和休息时间。一方面，任何一个劳动者只劳动无闲暇，将无法恢复其体力和智力，从而无法弥补劳动力的消耗、维持劳动力的再生产、实现劳动的可持续性，甚至会突破劳动者的生理极限，让劳动者付出生命的代价。另一方面，任何一个劳动者如果只劳动、无闲暇，最终也会出现边际劳动生产率递减趋势。如果新增劳动的效率越来越低，创造的价值越来越少，最后为零甚至为负，这些劳动就会成为多余劳动、无效劳动、负效劳动。这种劳动的不经济性和不可持续性，会迫使劳动者将其全部时间的一部分转化为休闲时间或休息时间。

其次，假定劳动者的全部时间均为休闲时间，劳动时间为零。在这种情况下，劳动者只是纯粹的休闲者，也是纯粹的消费者，他不创造价值，不带来价值收益，当然也不生产消费资料。这样，他既不能满足自身的生存需要，实现自身的再生产，也缺乏使自己的全部时间都变为休闲时间的条件。从这个意义上说，终结劳动和取消休闲的乌托邦只存在于抽象的理论假设之中，正如不可能将劳动者的全部时间都用于劳动一样，也不可能将劳动者的全部时间都用于休闲。劳动者现实的休闲时间，只能是劳动者为实现劳动力再生产和满足自身生存发展享受需要所必需消耗的劳动时间之后的时间。这一时间与劳动者为实现劳动力再生产和满足自身生存发展享受需要所必需消耗的劳动时间成反比，与劳动生产力成正比。也就是说，劳动者为满足劳动力再生产和自身生存发展享受需要所需的生活资料的品种数量越多、质量越高，所需付出的劳动时间越多，休闲时间就会越少；相反，劳动生产力越高，生产同样品种数量和质量生活资料所需耗费的劳动时间越少，劳动者用于休闲的时间就会越多，消除那些艰苦、乏味和令人不快的劳动时间与增加那些劳动者可以自由支配的闲暇时间的可能性也就会越大。这正是马克思反复强调的技术和科学在现代经济中的关键性作用的根本原因。

最后，综合上述两个方面的分析，我们可以得出两个规律性的结论。

一是从劳动者劳动的角度说，劳动者的劳动时间应以边际劳动等于边际价值为均衡点。也就是说，如果劳动者增加劳动时间所创造的价值量大于劳动的消耗量，即社会必要劳动时间大于个别劳动时间，说明个别劳动生产率高于社会劳动生产率，那么，增加劳动时间是有效率的或是经济的，从而劳动者应当增加劳动时间，减少闲暇时间；如果劳动者增加劳动时间所创造的价值量小于劳动的消耗量，即社会必要劳动时间小于个别劳动时间，那么增加劳动时间不足以弥补劳动消耗，是低效率的、无效率的、不经济的，从而劳动者应该增加闲暇时间，减少劳动时间；如果劳动者增加劳动时间所创造的价值量刚好等于劳动的消耗量，个别劳动生产率等于社会劳动生产率，个别劳动时间等于社会必要劳动时间，则增加劳动会降低效率，减少劳动会减少收入，这时，应当以劳动时间和闲暇时间均不增不减为好。

二是从劳动者闲暇的角度说，劳动者的闲暇时间应以边际闲暇时间等于边际价值收益为均衡点。一方面，当增加闲暇时间能提高劳动生产率，以至于由增加闲暇时间、减少劳动时间所带来的价值损失完全可以由提高劳动生产率所增加的价值弥补时，这种闲暇是经济的、有效率的、合算的；反之，当增加闲暇时间不能提高劳动生产率，或者由增加闲暇时间、减少劳动时间所带来的价值损失不能通过提高劳动生产率所增加的价值弥补时，这种闲暇是不经济、无效率和不合算的。另一方面，劳动者的闲暇时间，也不能突破劳动力再生产的限制。只有当闲暇时间的增加，不至于使劳动时间减少到无法生产维持劳动力再生产所需要的生活资料的程度时，才是可接受的。也就是说，闲暇时间的增加，要保证有足够的劳动时间，不断生产出劳动者生存、发展和享受所需的生活资料，不断创造出维持劳动力再生产所需的价值，从而使劳动者能够获得维持其生存、发展和享受需要所必要的报酬和收入。只闲暇、不劳动虽然美好且诱人，但只是水中月、镜中花，是想象的乌托邦，是乌有之乡。如果说"自由王国只是在由必需和外在目的规定要做的劳动终止的地方才开始"的话，那么，至少到目前为止，自由王国远未到来，工作远没有终结，闲暇也相当有限。

第六章　素质教育背景下劳动教育的新工匠精神内涵

第一节　传统工匠精神面临时代的考验

工匠精神，代表的是对产品品质精益求精的极致追求。尽管当下不少企业仍然把效率和利益摆在第一位，但是随着市场经济的高度成熟和人们消费意识的更新与提升，品质的重要性日益凸显。

中国的四大新红利将由新中产、新工匠、新技术、新居住四大模块组成。值得注意的是，在这四个模块中，有三个模块都与新工匠或者工匠精神有着紧密关系。可以这么说，在华夏五千年的文明历史中，没有哪一个朝代比当今时代更需要工匠精神。

工匠精神在原始社会时期出现的原因可能是人们出于对生活物资的需要。可以想象，我们的祖先看到同伴把经过磨砺的锋利石块绑在木棍头部，轻而易举地捕获野生动物时，那种惊奇与喜悦，他们成为工匠精神最原始的推动力。在当今社会，一个故障螺丝就可能摧毁数十亿美元的航天器。不管是科学技术的日新月异还是新中产的崛起与消费升级，都将工匠精神提到了空前的高度，各行各业开始把工匠精神作为座右铭。

在大英博物馆的中国馆，那些精致的玉、青铜、木器和漆器让中国人感到遗憾的同时也让人倍感骄傲。这些精美的工艺品出自中国手艺人，虽然被深藏在英国，但也向世人展示了中国传统手工艺者高超的技术。站在博物馆的大厅，当你看着在中间位置靠墙放置的红色镂空木雕门，尽管上面的油漆已褪色，但其精湛的技艺仍让人印象深刻。这也不禁让人想起代表中国江南建筑风格的粉墙黛瓦、砖雕和木雕。

断壁残垣的北京圆明园已经没有了当年绚烂夺目的景象，但从它的构建中，我们仍能看出传统工匠创作技巧和它当年壮观的气势。

张小泉品牌成名于1663年，是中华老字号，也是刀剪行业中唯一的中国驰名商标。历经300多年，在这款刀具的制作上，手艺人秉承传统，始终坚持选择高质量中碳钢镶嵌锻造刃口，经过72道工序的精心打磨。它也因"钢铁分明、磨工精细、剪切锋利、开合和顺"等特点，一直被人们赞扬。

改革开放以来，人们对物质的追求日渐强烈，出现了许多中国原创，早些年人们总是买最便宜的商品，好货的标配就是便宜。制造商品更快、更多、更便宜，这三更原则以及如何使利益最大化成了厂家的目标，人们的消费习惯也在无形中推动制造商与工匠精神分道扬镳。

在这种环境下，中国企业发展的核心主要体现在三个方面：一是效仿；效仿西方最好的企业，更快地开拓一个新的市场，在这个过程中，"创新""传统""中国特色"与我们渐行渐远。二是"便宜"；哪个厂家成本最低，就能够牢牢把消费者口袋里的钱"抓住"。良品被速度、低价、数量取而代之。三是"跟风"；做什么最赚钱，很快就会催生一批参与者，那些靠手工、时间打磨出来的产品反而成了人们眼中的小丑。显而易见，这样的风气与工匠精神相悖，而缺乏工匠精神的企业发展也难以为继。

中国制造2025是我国实现制造强国战略目标的第一步。在起步阶段它会遇到许多困难，但是它的意义深远。这说明我们正在一步步走向创新和卓越，正在从过去的模仿转向创造。相信这只是开始，硕果可见。

比如，在2017年6月20日，用我国自主芯片制造的"神威·太湖之光"取代"天河二号"登上榜首。在2017年7月15日11时20分，我国自行设计研制、全面拥有自主知识产权的两辆中国标准动车组高铁"复兴号"以超过420公里的时速在郑（州）徐（州）线上完成高速交会试验。在2017年8月16日1时40分，我国在酒泉卫星发射中心用长征二号丁运载火箭成功将世界首颗量子科学实验卫星"墨子号"发射升空。此次发射任务的圆满完成，标志着我国空间科学研究又迈出了重要一步。

这些科技上的历史性突破，代表的是中国工匠精神的复苏，是无数默默无闻的科研匠人和工艺匠人日复一日、年复一年的坚持和付出。企业对于工匠精神的追求得益于新中产的消费升级，需要工匠精神的不仅是高技术质量的"中国制造"，还有中产阶级的兴起及其更新迭代的消费意识。

"新中产"是我国正在兴起的消费阶层，吃饱穿暖不再是他们的消费目标，更高的质量和更好的用户体验已成为他们的追求目标。他们宁愿为高质量、个性化的物品买单。根据媒体的报道，在中产阶级的家庭，孩子用的很多东西都是从海外代购的，如奶瓶来自日本，奶粉是新西兰生产的，鲜榨果汁机是从德国买的。当中产阶级成为国家消费的主流群体时，传统的工匠精神也必然面临新时代的考验。

在新时代，工匠精神不只是对传统工艺的传承，还包含对科技创新的敬畏之心。工匠也不再是只会做重复性机械工作的人，而应该是创新产品和提升产品质量的工作者。今天我们不仅要传承精益求精、踏实专注的工匠精神，也要寻求创新发展的新出路，让传统工匠精神焕发新的时代光芒。我们的新行业也要秉承新工匠精神，注重品质，坚持创新。

第二节　新工匠精神是基于两个维度的思考

工匠精神有更多的内涵和外延需要我们去弘扬，比如，认真负责、爱岗敬业、精益求精等，这些都应该是一名优秀员工身上应有的品质。工作中，完善技艺；生活中，修养身心。这个时代，不缺少人才，而一个德艺兼修的员工，在任何时候在任何企业都是极其受欢迎的。我们应该把工匠精神融入自我，将其作为我们做人做事的一项准则。

新工匠精神是基于以下两个维度的思考：

1. 成为什么样的人

俗话说，做事先做人，这是一个亘古不变的道理。你想成为一个什么样的人？如何做人，既体现了一个人的能力，也体现出一个人的修养。一个人成功的因素会有很多，比如个人的能力、知识储备、背景条件等。一个人能力再强，知识储备再多，背景条件再好，如果人品很差，那么他的事业也不会顺利。要想在事业上有所成就，就必须具有一个好的人品。

先贤们早就强调"做人为先"的重要性，比如孔子所说的"子欲为事，先为人圣""德才兼备，以德为首""德若水之源，才若水之波"。

"玉不琢，不成器"人之所以要注重修养，就是为了把自己培养成对社会有价值的人才，由此才能够担起众人的期望。一个人的修养如何，决定着他能够在自己的工作岗位上承担多大的重任，决定着他在通往成功的道路上能走多远。

懂得修养自身的人，在待人处世的过程中所表现出来的每一个细节都带有浓重的大家气息。马克思曾说："人来到世间，既没有带着镜子，也不像费希特派的哲学家那样说什么：'我就是我'，所以人起初是以别人来反映自己的。因此，与有修养的人相处可以从侧面反映出我们自身的修养水平。

思想品德上的修养，目的是要教会自己应该如何做人。最关键的问题是自我修养并不一定非要用行动来表明自己的决心。只有在潜意识中不断固化自我修养的概念，才能在不经意间逐步提高自身的修养水平。所有的成功者都是"表里如一"的，你的修养和言行也应该与内心相称，这样做才能成为真正的自己。

做人要恪守自我的原则，要有正确的人生信念，执着的人生追求；做人要合乎历史潮流，不可随波逐流；做人要在实践中磨砺。贪小便宜且轻狂浮躁的人，成就不了大事，也不可能成为顶天立地之才，凭着高尚的情操和修养，我们才能走得更远。

好的人品是我们最宝贵的财富，它显现在我们生活的方方面面，在潜移默化地影响着我们为人处世的方式、方法。好的修养比个人能力或者财富更让人敬佩，拥有亲和力的气场，使我们事半功倍。会做人，是一个人智慧的集大成体现。

人生丰富多彩，一切皆有可能。不论是雇佣别人还是为人做事，都要首先做好自己，拥有端正的品行，于己心安，于人可靠。得到别人的认可，实现自我价值，这是人生最幸福的事，也将是成才路上不竭的动力之源。

小成功，伪成功，或许可以在短时间里靠智慧来获取，但真正的成功则必须由"德"来支撑。企业是这样，个人也是如此，常存"利他"之心，会让我们拥有更多的朋友，获得更多发展的机遇，让我们更接近成功，为他人和社会贡献更大的价值。

"利他"，稍微牺牲一下自己的享受，这也是一种高尚的行为。试想，如果有一天下班回家的路上，疲惫的你在人群拥挤的公交车上好不容易等到了一个座位，你正要坐下或者已经坐得很舒服了，这时候一位抱小孩的妈妈被挤到你的身边，你却纠结着是让座位还是不让座位呢。当你站起来把座位让给这位妈妈的时候，会感到心情豁然开朗，展现了自己人格的尊严，一天的疲惫也跟着烟消云散了。此后你会感悟，原来"利他"也是可以让人心情愉悦的。再如，你时常对别人微笑，或者做些让人心情舒畅的事情，自己是不是也会收获快乐呢。有时候扶老人过马路，给偏远山区的孩子捐赠一些物品，我们所做的是将善良这种与生俱来的品质弘扬。无论是物质上的"利他"，还是精神上的"利他"，其终将会以各种方式回馈于你。

对于一个团队来说，要生存、要发展，更离不开"利他"的思想行为，这就好比一艘大船航行在海上，当它遭遇风浪的时候，每个船员都不计个人得失，团结一致，使之航行到目标彼岸。但如果大家心不往一处想，劲不往一处使，每个人都想着自己怎么逃离，那这艘大船最后可能完全倾覆，每个利己的船员也可能难逃厄运。所以，我们作为社会中的一分子，先要有社会价值，才有自我价值。

从道德层面来说，"利他"也可以检验人性。从企业用人的角度来说，选人应该以德为先。我们始终不应忘记，人是社会性群居动物，有利于人类发展的行为才是真理。"利他"才能让个体拥有竞争力，让自己的团队拥有竞争力。

2. 做什么样的事情

是否热爱一项工作，很多时候并不取决于工作本身的性质，而是你对待这份工作的心态。在这个社会，想要找一份自己真心热爱的工作实在太难了，不是专业不对口就是薪资待遇不满意；不是总需要加班就是人际关系处理不好等。尽管如此，人们还是一边抱怨着所从事的工作，一边寻求下一个自认为一定会满意的工作。

我们选择一份职业的初心，不仅仅是为了五斗米，还有你对梦想的热忱、对未来的憧憬。这样，无论你从事一份什么样的工作，我想你都会比常人更坚忍，因为你深知"不经一番寒彻骨，哪得梅花扑鼻香"。人生从不是一帆风顺的，良好的心态会让你在面对挫折与苦难时更从容。

"鱼与熊掌"二者有时也可以兼得。比如一份工作既待遇高，也可以实现你的人生价值。若是目标能够同时兼顾的话，是再好不过的，但我们一定要分清主次，不能舍本逐末。

做一件事情真正的意义是什么，我们的初心就应该是什么，需要用这个初心时刻提醒自己，让自己能够一直保持积极的心态。最重要的是，我们的初心一定是积极向上的，而非负面的，否则不管你付出多少努力和汗水，最后也是竹篮打水一场空。

带着工匠精神去做人做事，就是在实现自我价值。在当今社会中，工匠精神是一笔精神财富，需要我们弘扬，需要我们每个人坚守。

第三节 新工匠精神的定义

"技进乎道"，中国自古以来并不缺乏工匠精神。在中国历史上，出现了很多具有工匠精神的典范。比如，春秋战国时期的鲁班，他凭借自己的智慧和精湛的技艺，不仅发明了木工工具、农业工具，还发明了仿生机械、攻城器械等，被视为工匠的典范；东汉时期，张衡发明了地动仪；三国时期，诸葛亮发明了木牛流马；北宋时期，沈括撰写出《梦溪笔谈》；明朝时期，宋应星编著了《天工开物》。由此可见，真正的工匠精神，不仅是指制作过程中要具有专业精神，还需要具备一种信仰。匠人相信自己制作出来的产品是独一无二的，是别人所做不到的，他们依靠自己的信念十年如一日地做同一件事，并享受每一个制作过程，这就是对精工细作的信仰，也是对工作的信仰。信仰是工匠精神的重要内涵之一。

有人总结出工匠精神的六大内涵：精确主义、专注主义、完美主义、标准主义、秩序主义与厚实精神，这基本上是德国文化的体现：刻苦、服从、责任感、可靠和诚实。传统的工匠精神指：敬业、专注、耐心、坚持、一丝不苟、精益求精。

那么什么是新工匠精神呢？新工匠精神应该是指站在用户角度用极简哲学打磨极致产品。

1. 舍弃比占有更高明

很多成功人士长期秉持极简哲学，可以给我们提供一个良好的借鉴，有助于解决我们因关注事项过多而做事效率低下的问题。苹果公司的创始人乔布斯总是穿着一件黑色高领毛衣，出现在苹果历次的发布会现场。这样的极简风格似乎已成为科技领袖们的一种特质。这不是有没有时间的问题，而是他们只允许自己将时间花在更重要的事情上面。扎克伯格也总是穿一件灰色短袖，对此他解释说，他只想把时间花在真正为公司努力服务上面，而在生活其他方面希望简单一点。如果把时间都浪费在琐事上，那么工作便无法开展了。

在乎越少得到的就会越多。这听起来似乎有些违背常理，但恰好反映出你没有在那些不重要的事情上浪费精力和时间。美好生活的关键不是获得一切，而是能将自己的关注视角放在那些真实而有意义的人和事上。当你在乎得越少，你对于失败的恐惧就会越少，就可以专注地去做事情，而过于追求快乐的体验，其本身是一种消极的行为。反之，如果你能坦然地接受消极体验，这本身也是积极的。当然这不是教我们冷漠，对什么都视而不见，对什么都不在乎。

崇尚极简哲学，不是让我们去过一种苦行僧的生活，而是减少一些没必要的繁文缛节，将更多的时间和精力花在更有意义的事情上。

要学会做减法，化繁为简，丢掉的东西越多，留下的自然越少，你看得就会越清楚，你会知道什么样的工作和生活才是自己真正在乎的。舍弃有时候比占有更高明。

2. 极致简单里包含着专注

极简纯粹的背后，是工匠精神，是把产品打造到极致所透出的一丝不苟的严谨和执着的信念和态度。

"互联网＋"时代，最宝贵的精神是工匠精神。"新工匠精神"与这个时代追求创新的理念如出一辙。"新工匠精神"追求的是简单极致，而创新的无限可能性恰恰就是这种极致简单带来的，它给创新带来源泉，带来动力。

现代企业的发展离不开创新，只有创新，企业才有可能生存、发展下去。然而，创新又怎能离开对产品的专注呢？因此，人工智能时代更需要企业秉持"新工匠精神"，为企业发展注入源泉。

第四节 新工匠的"新劳动观"

罗马不是一日建成的，没有谁能随随便便成功，也没有任何成功可以一蹴而就。无论什么样的人，从事何种职业，如果想要达到最高点，就应该不断地鞭策自己，同时也应该比别人多付出，这是永恒的真理。

1. 凭脑力去挣钱

这个世界忙忙碌碌的人太多，有些人还停留在温饱状态，有些人却硕果累累。拥有同样的机会和技能，有些人可以做到积极进取，有些人却贪图安逸。

我们应该通过不断的学习从而使自己的技能和能力得到提升，或是通过思考去学会为人处世，在实践中锻炼自己的做事能力。这也就是为什么大多数家长希望孩子通过好好学习去改变自己的发展道路和前景,正是因为他们曾经缺少学习机会,所以就寄希望在自己下一代的身上。

有些人可能没有高学历、高技能,但是他们懂得如何运作资本,通过资源优化的方式来赚钱。用自己的智力、远见去创造财富是挣钱的一个首要前提,创造力与眼光决定着你在这个时代能走多远。例如自己创业、经营品牌或申请专利。重要的不是谁的资源多,因为资源是不固定的,关键在于如何配置资源。

大多数企业家和创业者都会遵循一个资源的运作方式,即"投入—整合—运营—产出"。当你会运作财富循环时,你的财富才会有真正意义上的增长。

2. 学习决定未来

世界经济合作与发展组织(OECD)对于知识经济有这样一句话:"在知识经济中,学习是极为重要的,可以决定个人、企业乃至国家的命运。从某种程度上来说,知识经济就是一种"学习型经济"。许多大公司像微软、英特尔都十分重视学习,始终把学习放在重要位置,并鼓励创新。创新是一个公司不断向前的驱动力,就像燃料之于汽车。试问:汽车没了燃料,还会行驶吗?对于个人来说也是如此,要想成为有用的人才,就需要不停地学习,活到老,学到老。

梦想要插上希望的翅膀,靠的是学习,只有不断努力学习,我们才有实现梦想的可能性。尤其是在人工智能时代,学习将变得更为重要。时代的发展日新月异,新技能的应用意味着旧技能的逐步淘汰,与之相对应的,人的综合素质也应该不断提高。一个人拥有掌握知识、本领的能力,才能得到不断提升,获得更大的发展空间。显然,一个企业希望留住的人才,也应该是那些善于学习,不甘落后,敢于接受挑战的人。

现代社会,知识的优势无疑会使竞争者在竞争中处于有利地位。拥有深厚的知识积累和娴熟的应用技能,一定会让你在面对各种难题时,做出正确的抉择;让你有信心、有底气去挑战各种看似不可能完成的任务。在我们的身边,常常能看到这样的人,他们感慨自己没有好好上学,没有足够的知识,因此失去了很多发展的机会。很显然,他们的人生是充满失意和无奈的。

当今时代是"知识时代",是"学习型社会"。所以,你这一生都应该不断地学习,并树立"终生学习"的信念。

当然,学习是有方法的,"有意识"的学习效果最好,因为只有这样,你才会有目标、有方向、有计划,并有源源不断的动力。

学而知之,自古以来便强调学习对于一个人生存发展的重要性。只有学习,才能获得道理和新知,这是古今圣贤治学立身的根本之道。我们看到的诸多成功人士都有一个相同的优点,那就是爱学习。人的先天智力水平都差不多,但是后天的努力却使他们的差距越来越大。人非生而知之,而是学而知之。只有靠后天的努力,才能获得新知。

往者不可谏，来者尤可追。时间如同流水一般，流走便不复回了。时间的不可逆转是任何人都不能改变的，我们所能做的，只能是好好珍惜当下。少壮不努力，老大徒伤悲。我们不能等到老了再后悔，因为那时即便后悔也毫无意义了。

李嘉诚是众人眼中的成功者。有人问他成功的原因是什么，他回答说："靠学习，不断地学习！"要想在这个时代生存下去，就必须学会学习。如何做呢？我们应该积极培养自己的学习兴趣，保持自己的学习热情，尽全力获得新知识，培养新能力。要想从激烈的竞争中脱颖而出，我们就要学会学习。学如逆水行舟，不进则退。你不努力，就会落后于他人。"一辈子都要在学习中度过"，才是强者的重要生存法则。

冰冻三尺，非一日之寒。厚积薄发的道理大家都懂，坚持修炼吧！从细微之处做起，当你积累到一定程度时，便会有喷薄而出的力量，那时的你，将会无往不利。

在坚持修炼的日子里，可能会遭遇失意和迷茫，但是请你要相信：成熟的果子才是最甜的！

3. 始终怀揣进取之心

不要满足暂时的工作表现，要始终怀着进取之心。认真做好每一件小事，你才有可能成为出类拔萃的人，因为不甘平庸会激励一个人自动自发地追求最好。而且想要成为一个企业中举足轻重的人，如果没有不甘平凡的心，他就容易满足，就难以超越自我。

当然，没有一个人做事是没有瑕疵的。但是不可否认，只有一个人对自己做人做事的标准要求越来越高的时候，他的能力才能更好地激发出来，他才会去逼迫自己增强力量，提升能力，从而让自己变得越来越强大。而能力的提升本身就是一种很大的进步。

作为企业的一分子，如果想在其中崭露头角，你必须拥有独一无二的能力，当你无可替代的时候，你便能受到企业的重视。所以你要争做第一，你要让自己所做的每件事无可挑剔。这样才能让自己变得尽可能完美，你的个性也会在这样的磨砺过程中变得更加成熟。如果一个人碌碌无为，只是荒唐度日，目标就是不被老板批评，从不主动做事情，那么他的做事能力也很难提高，也很难得到领导的重视。晋升和奖励对他来说也是望尘莫及。

或许起初你只是一个普通的实习生，后来做了助理，又做了主管，而这所有的成果都是建立在你不断提升自己能力的基础之上。在这种品质之下，请你相信，会有那么一天你会成为自己理想中的人。最优秀的员工往往是那些不断进取的人，他们会在工作中坚持努力，不断改善自己的缺点，发挥自己最大的优势，最后闯出属于自己的一片蓝天。

如果你的能力停滞不前，那么多半是因为你对已取得的一点成绩感到满足，那么你的事业也将裹足不前。每个个体永远是有待完善的，因此都必须行走在完善自我的道路上。如果你停下追求的脚步，也意味着你停止了进步。优秀的员工会一直追求卓越，寻求自我完善之路，从而不断超越自己，最终成为激烈竞争中的佼佼者。

4. 懒惰是成功的大敌

命运靠自己来掌握，选择勤劳就可以得到幸福，选择懒惰永远难逃厄运。很多灾难与不测都是因为我们的懒惰和其他不良习惯造成的，举手之劳的事情却不愿为之，就注定要为此付出沉重的代价。在这个世界上付出不一定有回报，但不付出一定不会有收获。

5. 坚持不懈

在我们的工作生活中不可能事事如意，或者付出和回报难成正比，或者才高八斗领导却不重用，而隔壁办公室名不见经传的某某又升职了，你会因此感到烦恼吗？

其实，我们完全没必要因此而忧愁。如果你感觉自己没有得到应有的回报，那只是你做得还不够好，给人的信服力还没那么强。

成功的秘诀就在于对小事的坚持，而大家往往都会忽略这些小问题，紧抓着焦点不放。没有成功是轻而易举的，如果不是一个个小成功的累积，又怎会获得大的成功呢？"合抱之木，生于毫末；九层之台，起于垒土；千里之行，始于足下。"一滴水，可以折射出整个太阳。"大事"都是由许多件微不足道的"小事"组成的。想要成功，就必须从小事做起，连小事情都做不好的人，大事也肯定做不好。总想着一步登天，这是很多人的误区。

日常工作和生活也是如此，那些看似琐碎繁杂、不足挂齿的事情比比皆是。也许你现在的工作不是那么的耀眼，每天重复地做着一些琐事，但只要保持一颗永不停歇的心，朝着自己希望的方向前进，做好量的积累，才能实现质的突变。当你羡慕他人的成功时，别忘了看看他们所走过的路。没有人的成功是与生俱来的，厚积薄发，步步为营，宁愿踏踏实实地多走些路，也不要追求浮躁轻狂的一步登天。

脚踏实地地做好每一项细小、琐碎的工作，把它们作为锻炼能力、提高水平的机会，把它们当成向更高目标迈进的踏板。如果连小事都不愿意做，怎能干大事业呢？初入社会的年轻人一定不要眼高手低，这才是生存的不败法则。

[1] 张玲菲,孙峰岩,吴莎著. 新媒体环境下传统文化对大学生素质教育作用的研究 [M]. 长春:吉林文史出版社. 2019.

[2] 李和章,庞海芍著. 素质教育与立德树人 [M]. 北京:高等教育出版社. 2019.

[3] 王陶著. 大学生素质教育概论 [M]. 北京:北京师范大学出版社. 2019.

[4] 李伟著. 素质教育新视野 [M]. 武汉:华中科技大学出版社. 2019.

[5] 王琳著. 劳动教育与职业素养 [M]. 北京:外语教学与研究出版社. 2019.

[6] 张鹏飞著. 新时代工匠精神的塑造 [M]. 北京:中国言实出版社. 2018.

[7] 刘向兵著. 新时代高校劳动教育论纲 [M]. 北京:社会科学文献出版社. 2019.

[8] 邵春瑾,杨旭,周越男著. 劳动教育实践基地建设研究 [M]. 长春:吉林出版集团股份有限公司. 2018.

[9] 段宗平著. 劳动教育 [M]. 武汉:湖北科学技术出版社. 2020.

[10] 成尚荣著. 劳动教育 [M]. 武汉:湖北教育出版社. 2020.

[11] 曾天山,顾建军著. 劳动教育论 [M]. 北京:教育科学出版社. 2020.

[12] 黄震著. 工匠精神 [M]. 北京:北京工业大学出版社. 2017.

[13] 王久成著. 工匠精神论 [M]. 北京:国家行政学院出版社. 2018.

[14] 张子睿,樊凯著. 工匠精神与工匠精神养成引论 [M]. 北京:民主与建设出版社. 2017.

[15] 张晓萍,潘旭,陈旭武著. 工匠精神 [M]. 合肥:安徽科学技术出版社. 2019.

[16] 胡定奇,古义权,邱赞杨著. 工匠精神 [M]. 延吉:延边大学出版社. 2019.

[17] 王稼伟著. 培育工匠精神 [M]. 江苏凤凰教育出版社. 2019.

[18] 付守永著. 新工匠精神人工智能挑战下如何成为稀缺人才 [M]. 北京:机械工业出版社. 2018.

[19] 熊武建著. 新时代的工匠精神 [M]. 南昌:江西高校出版社. 2017.